Mentions légales

Saage Media GmbH
c/o SpinLab – The HHL Accelerator
Spinnereistraße 7
04179 Leipzig, Germany
E-Mail: contact@SaageMedia.com
Web: www.SaageMedia.com
Commercial Register: Local Court Leipzig, HRB 42755 (Handelsregister: Amtsgericht Leipzig, HRB 42755)
Managing Director: Rico Saage (Geschäftsführer)
VAT ID Number: DE369527893 (USt-IdNr.)

Éditeur: Saage Media GmbH
Publication: 02.2025
Conception de la couverture: Saage Media GmbH
ISBN Broché (fr): 978-3-384-53506-1
ISBN Ebook (fr): 978-3-384-53507-8

Mentions légales / Avis

Les liens externes et les références aux sources énumérés dans ce livre ont été vérifiés au moment de la publication. L'auteur n'a aucune influence sur la conception et le contenu actuels et futurs des pages liées. Le fournisseur du site web lié est seul responsable des contenus illégaux, incorrects ou incomplets ainsi que des dommages résultant de l'utilisation ou de la non-utilisation des informations, et non la personne qui renvoie à la publication respective via des liens. Toutes les sources externes utilisées sont répertoriées dans la bibliographie. Malgré un contrôle minutieux du contenu, nous n'assumons aucune responsabilité pour le contenu des sources externes. Les opérateurs des sources citées sont seuls responsables de leur contenu. Les images et les sources de tiers sont marquées comme telles. La reproduction, le traitement, la distribution et tout type d'exploitation en dehors des limites du droit d'auteur nécessitent le consentement écrit de l'auteur ou du créateur respectif.
Ce livre a été traduit de l'allemand. Des écarts par rapport à l'original ou des erreurs de traduction ne peuvent être totalement exclus. Toutes les sources citées dans le livre sont disponibles en anglais. Nous déclinons toute responsabilité pour d'éventuelles inexactitudes ou malentendus de contenu résultant de la traduction.
Les données des diagrammes qui ne sont pas explicitement marquées d'une source ne sont pas basées sur des études mais sont des hypothèses non contraignantes pour une meilleure visualisation.
Ce livre a été créé à l'aide de l'Intelligence Artificielle (IA) et d'autres outils. Entre autres, des outils ont été utilisés pour la recherche, l'écriture/édition et la génération d'illustrations décoratives. Malgré les vérifications, des erreurs ne peuvent être totalement exclues. Nous tenons à souligner que l'utilisation de l'IA sert d'outil de support pour offrir à nos lecteurs une expérience de lecture de haute qualité et inspirante.

Les références et citations contenues dans ce livre ont été soigneusement recherchées et reproduites dans leur sens. L'interprétation et la présentation du contenu cité reflètent la compréhension de l'auteur et ne correspondent pas nécessairement à l'intention ou à l'opinion des auteurs originaux. Pour les citations paraphrasées, les déclarations principales des sources originales ont été intégrées dans le contexte de cet ouvrage au mieux des connaissances et des convictions, mais peuvent s'écarter des formulations originales et des nuances de sens en raison du transfert et de la simplification. Toutes les sources utilisées sont entièrement répertoriées dans la bibliographie et peuvent y être lues dans l'original. La responsabilité de l'interprétation et de l'intégration contextuelle du contenu cité incombe à l'auteur de ce livre. Pour les questions scientifiques et les informations détaillées, il est recommandé de consulter les sources originales. L'auteur s'est efforcé de présenter des sujets scientifiques complexes de manière généralement compréhensible. Des simplifications et des généralisations ne peuvent être exclues. Aucune garantie ne peut être donnée quant à l'exactitude technique et l'exhaustivité des présentations simplifiées. La reproduction paraphrasée des citations et des découvertes scientifiques est effectuée consciencieusement conformément à la loi sur les citations selon § 51 UrhG et à toutes les dispositions pertinentes sur le droit d'auteur d'autres pays. Lors de la simplification, du transfert et éventuellement de la traduction de contenu scientifique dans un langage généralement compréhensible, des nuances de sens et des détails techniques peuvent être perdus. L'auteur ne revendique aucun droit sur les œuvres citées et respecte tous les droits d'auteur des auteurs originaux. Si une utilisation non autorisée est détectée, l'auteur demande d'en être informé pour prendre les mesures appropriées. À des fins académiques et lors de l'utilisation comme référence scientifique, il est expressément recommandé de se référer aux sources originales. La présentation simplifiée sert exclusivement à l'information scientifique populaire.
Cryptomonnaies et Bitcoin : Le guide complet pour le trading et le minage de crypto.

Bendis Saage

Cryptomonnaie: Guide du Trading et Minage de Cryptomonnaies

Bitcoin, Ethereum et stratégies d'investissement expliqués simplement pour devenir millionnaire avec la crypto monnaie

33 Sources
41 Diagrammes
23 Images
7 Illustrations

Chers lecteurs,

nous vous remercions sincèrement d'avoir choisi ce livre. Par votre choix, vous nous avez non seulement accordé votre confiance, mais aussi une partie de votre précieux temps. Nous en sommes très reconnaissants.

Cryptomonnaies et Bitcoin : Le guide complet pour le trading et le minage de crypto.

Ce guide vous fournit des informations faciles à comprendre et pratiques sur un sujet complexe. Grâce à des outils numériques développés en interne qui utilisent également des réseaux neuronaux, nous avons pu mener des recherches approfondies. Le contenu a été structuré de manière optimale et développé jusqu'à la version finale pour vous fournir une vue d'ensemble bien fondée et facilement accessible. Le résultat : vous obtenez une vision complète et bénéficiez d'explications claires et d'exemples illustratifs. La conception visuelle a également été optimisée grâce à cette méthode avancée afin que vous puissiez rapidement saisir et utiliser les informations.

Nous nous efforçons d'atteindre la plus grande précision, mais nous sommes reconnaissants pour toute indication d'erreurs possibles. Visitez notre site web pour trouver les dernières corrections et ajouts à ce livre. Ceux-ci seront également intégrés dans les éditions futures.

Nous espérons que vous apprécierez la lecture et découvrirez de nouvelles choses ! Si vous avez des suggestions, des critiques ou des questions, nous attendons vos commentaires. Ce n'est que par un échange actif avec vous, les lecteurs, que les futures éditions et œuvres pourront devenir encore meilleures. Restez curieux !

Bendis Saage

Saage Media GmbH - Équipe

- www.SaageBooks.com/fr
- support@saagemedia.com
- Spinnereistraße 7 - c/o SpinLab – The HHL Accelerator, 04179 Leipzig, Germany

Accès rapide aux connaissances

Pour garantir une expérience de lecture optimale, nous souhaitons vous familiariser avec les principales caractéristiques de ce livre :

- **Structure Modulaire :** Chaque chapitre est autonome et peut être lu indépendamment des autres.
- **Recherche Approfondie :** Tous les chapitres sont basés sur une recherche approfondie et sont étayés par des références scientifiques. Les données présentées dans les diagrammes servent à une meilleure visualisation et sont basées sur des hypothèses, non sur les données fournies dans les sources. Une liste complète des sources et des crédits d'images se trouve en annexe.
- **Terminologie Claire :** Les termes techniques soulignés sont expliqués dans le glossaire.
- **Résumés des Chapitres :** À la fin de chaque chapitre, vous trouverez des résumés concis qui vous donnent un aperçu des points clés.
- **Recommandations Concrètes :** Chaque sous-chapitre se termine par une liste de conseils spécifiques pour vous aider à mettre en pratique ce que vous avez appris.

Matériel bonus supplémentaire sur notre site web

Sur notre site web, nous prévoyons de mettre à votre disposition les documents exclusifs suivants :

- Contenu bonus et chapitres supplémentaires
- Un résumé global compact
- Une version dramatique audio. (En cours de planification)

Le site web est actuellement en construction.

www.SaageBooks.com/fr/cryptomonnaies-bonus-HZT4NS

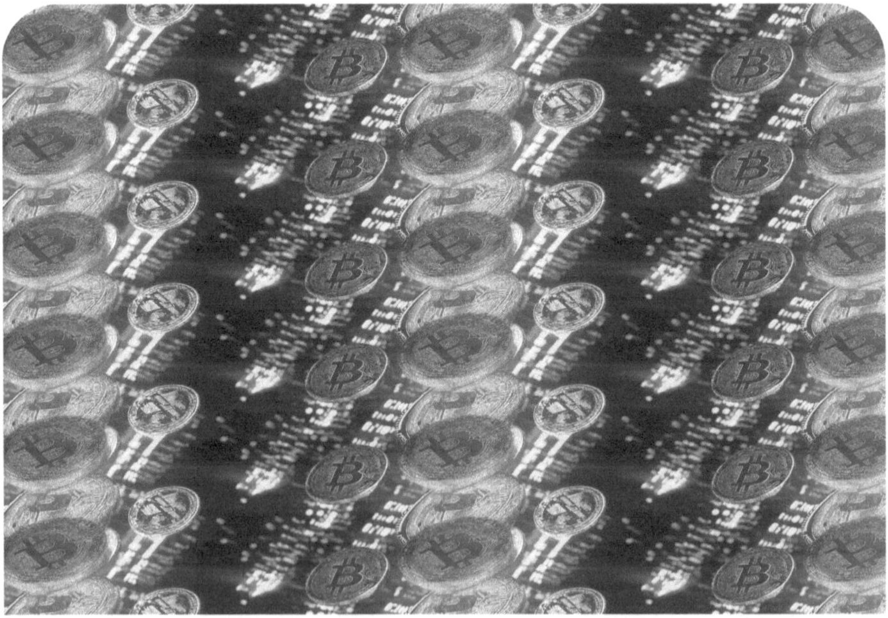

Table des matières

- 2. Trading de crypto-monnaies
  - 2. 1 Stratégies de trading
    - Investissement à long terme
    - Day trading
    - Diversification du portefeuille
  - 2. 2 Places de marché
    - Places de marché centralisées
    - Bourses décentralisées
    - Trading direct
  - 2. 3 Gestion des risques
    - Limitation des pertes
    - Taille des positions
    - Prise de bénéfices

- 3. Minage de crypto-monnaies
  - 3. 1 Méthodes d'extraction
    - Minage individuel
    - Communautés de minage
    - Cloud mining
  - 3. 2 Matériel
    - Processeurs
    - Cartes graphiques
    - Matériel spécialisé
  - 3. 3 Rentabilité
    - Coûts énergétiques
    - Coûts de maintenance
    - Calcul du rendement

- Sources des images

1. Fondamentaux des crypto-monnaies

Vous êtes-vous déjà demandé comment un système de paiement numérique peut fonctionner sans contrôle central ? La révolution des monnaies numériques repose sur des innovations technologiques révolutionnaires qui transforment fondamentalement notre conception de l'argent. De la technologie blockchain aux méthodes de cryptage complexes, de nouvelles possibilités émergent pour des transactions sécurisées et transparentes. Les mécanismes derrière ce système semblent d'abord complexes, mais peuvent être ramenés à des principes fondamentaux. Dans ce chapitre, nous déchiffrons étape par étape les concepts fondamentaux qui font des cryptomonnaies l'une des évolutions les plus passionnantes de l'ère numérique.

1. 1 Fonctionnement technique

Les cryptomonnaies reposent sur des mécanismes techniques complexes qui garantissent la sécurité, la transparence et la décentralisation. Ce chapitre met en lumière le fonctionnement fondamental de la blockchain, des réseaux décentralisés et des portefeuilles numériques. Il met en évidence les défis et l'utilité pratique de ces technologies pour une gestion sécurisée des cryptomonnaies. Comprenez les bases techniques et jetez les fondations pour un trading et un minage de crypto-monnaies réussis.

> *La clé privée d'un portefeuille est comme le mot de passe de vos actifs cryptographiques et doit absolument rester secrète. La perte de la clé privée signifie la perte irréversible des actifs associés.*

Blockchain comme fondation

La blockchain constitue l'épine dorsale des cryptomonnaies telles que le Bitcoin. Elle sert de registre décentralisé et public, stockant toutes les transactions de manière chronologique et immuable. Chaque nouveau bloc dans la chaîne contient un hash du bloc précédent, créant ainsi une histoire continue. Cette chaîne garantit l'intégrité du système, car toute modification ultérieure d'un bloc changerait tous les hash suivants, ce qui serait immédiatement détectable. La décentralisation signifie que la blockchain n'est pas contrôlée par une seule institution, comme une banque, mais est répartie sur de nombreux ordinateurs dans le réseau. Cela augmente la sécurité et la résilience contre les attaques ou les manipulations. Un autre aspect important est la transparence. Toutes les transactions sont visibles publiquement, mais sans divulguer l'identité des personnes impliquées. Au lieu de cela, des clés cryptographiques sont utilisées, qui fonctionnent comme des signatures numériques et confirment l'authenticité des transactions. Cette combinaison de décentralisation, d'immuabilité et de transparence fait de la blockchain une technologie innovante avec de nombreuses applications. Elle offre un haut niveau de sécurité et de confiance, sans qu'une autorité centrale soit nécessaire. La technologie blockchain permet des transactions de pair à pair, c'est-à-dire que les paiements peuvent être effectués directement entre deux parties, sans intermédiaires comme les banques. Cela peut réduire les coûts de transaction et augmenter la vitesse des transferts. Pour mieux comprendre le fonctionnement, examinons le processus de confirmation des transactions. Lorsqu'une transaction est initiée, elle est d'abord diffusée dans le réseau. Les mineurs, des ordinateurs spéciaux dans le réseau, collectent ces transactions et les regroupent en blocs. Pour ajouter un bloc à la blockchain, les mineurs doivent résoudre des énigmes mathématiques complexes, un processus appelé "minage". Le premier mineur à résoudre l'énigme ajoute le bloc à la blockchain et reçoit une récompense sous forme de cryptomonnaie. Ce mécanisme, connu sous le nom de "preuve de travail", sécurise le réseau et empêche les activités frauduleuses. La sécurité de la blockchain est assurée par des procédés cryptographiques. Chaque bloc contient un hash, une chaîne de caractères alphanumériques unique qui représente le contenu du bloc. Si un seul caractère dans le bloc change, le hash change également. Grâce à la chaîne des blocs via les hash, l'intégrité de l'ensemble de la blockchain est garantie. Toute tentative de manipulation d'une transaction modifierait les hash de tous les blocs suivants et serait immédiatement détectable. La technologie blockchain offre également la possibilité d'implémenter des contrats intelligents. Les contrats intelligents sont des contrats auto-exécutables dont les conditions sont directement définies dans le code. Une fois que les conditions prédéfinies sont remplies, le contrat s'exécute automatiquement. Cela permet d'automatiser des processus complexes et réduit le risque de fraude ou d'erreur humaine. Par exemple, des contrats intelligents pourraient être utilisés dans la logistique de la chaîne d'approvisionnement pour déclencher automatiquement le paiement dès qu'un produit est livré. L'utilisation d'une blockchain peut également améliorer la traçabilité des produits. Chaque étape de la chaîne d'approvisionnement peut être documentée dans la blockchain, de la fabrication à la vente. Cela permet un suivi transparent et à l'abri des manipulations des produits, ce qui est particulièrement pertinent pour des biens sensibles comme les aliments ou les médicaments. Les clients pourraient, par exemple, consulter l'historique complet d'un produit en scannant un code QR, depuis son origine jusqu'à son emplacement actuel. Bien que la technologie blockchain soit complexe, comprendre ses principes fondamentaux est essentiel pour saisir le fonctionnement des cryptomonnaies et leur potentiel. La décentralisation, l'immuabilité et la transparence de la blockchain offrent de nouvelles possibilités pour des transactions et des processus sécurisés et efficaces. Le développement continu et l'application de cette technologie dans divers domaines promettent des changements transformateurs à l'avenir. Lors du choix d'une cryptomonnaie ou d'une application basée sur la blockchain, prêtez

attention à la technologie sous-jacente et aux aspects de sécurité associés. Renseignez-vous sur la réputation des développeurs et la communauté qui soutient le projet.

Minage [i1]

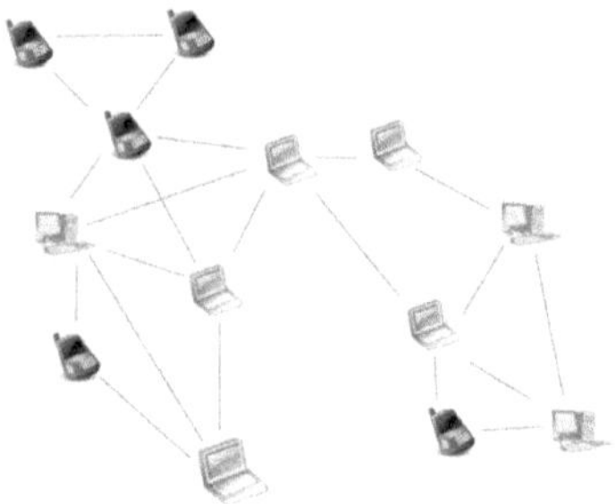

Transactions pair à pair [i2]

Bon à savoir

Clés cryptographiques

Les clés cryptographiques sont comme des mots de passe numériques utilisés pour chiffrer et déchiffrer des informations. Dans les cryptomonnaies, elles sont utilisées pour autoriser des transactions et prouver la propriété. Il existe deux types de clés : la clé privée, qui doit rester secrète, et la clé publique, qui peut être partagée.

Contrats intelligents

Les contrats intelligents sont des contrats auto-exécutables stockés sur la blockchain. Les conditions du contrat sont écrites en code et s'exécutent automatiquement dès que certaines conditions sont remplies. Cela permet des accords automatisés sécurisés et transparents sans intermédiaires.

Transactions de pair à pair

Les transactions de pair à pair permettent l'échange direct de valeurs entre deux parties sans intermédiaires comme les banques. Cela conduit à des transactions plus rapides et à des frais réduits. La blockchain permet ces transactions grâce à la nature décentralisée du réseau.

Temps de confirmation des transactions vs. temps de bloc

Illustre la relation entre le temps de confirmation des transactions et le temps de bloc.

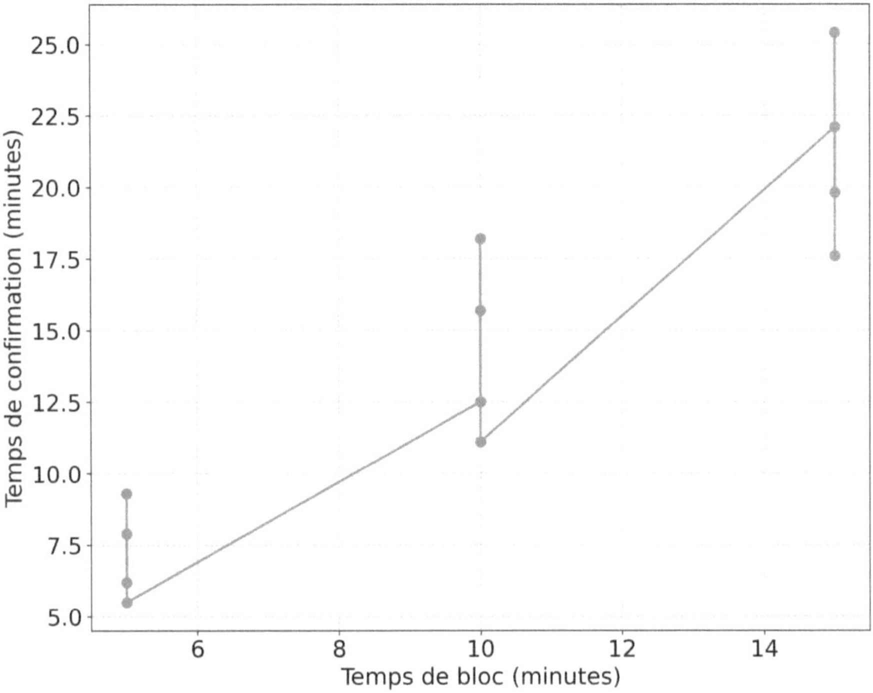

Ce graphique montre comment les temps de confirmation des transactions sont influencés par le temps de bloc. Des temps de bloc plus courts entraînent généralement des confirmations plus rapides, car les transactions sont incluses dans les blocs plus fréquemment. Cependant, d'autres facteurs tels que la congestion du réseau et les frais de transaction peuvent également jouer un rôle. La nature fluctuante du temps de confirmation, même avec un temps de bloc constant, souligne la nature dynamique du réseau blockchain.

Réseaux décentralisés

Les réseaux décentralisés constituent le cœur des cryptomonnaies et se distinguent fondamentalement des systèmes traditionnels centralisés. Au lieu d'une instance centrale, comme une banque, qui contrôle et valide les transactions, le contrôle dans le réseau décentralisé est réparti entre de nombreux participants, appelés nœuds. Ces nœuds sont des ordinateurs connectés entre eux via Internet et gèrent ensemble le réseau. Chaque nœud conserve une copie complète de la blockchain et contribue à la sécurité et à l'intégrité du système. Cette architecture distribuée offre plusieurs avantages. Elle augmente la résilience, car le réseau reste opérationnel même si certains nœuds tombent en panne. Une panne d'un serveur unique, comme dans le cas d'une banque, peut en revanche paralyser l'ensemble du service. Les réseaux décentralisés sont également plus résistants à la censure et à la manipulation, car aucune partie unique ne contrôle le réseau. Un gouvernement ou une institution ne peut pas simplement bloquer des transactions ou modifier des données. Un réseau décentralisé peut être comparé à un grand système comptable mondial, géré par de nombreux auditeurs indépendants. Chaque auditeur a accès à tous les enregistrements et peut vérifier l'exactitude des écritures. Cela augmente la transparence et la confiance dans le système. Un autre aspect des réseaux décentralisés est la manière dont les nœuds communiquent entre eux. Ils communiquent directement, sans intermédiaire central. Ce principe de pair à pair permet des transactions rapides et efficaces, car aucune instance centrale ne ralentit la communication ou ne prélève de frais supplémentaires. Les transactions sont traitées directement entre les parties concernées. Vous pouvez l'imaginer comme un échange direct de messages entre deux personnes, sans qu'un facteur ait besoin de transmettre le message. La décentralisation pose également des défis techniques. La coordination entre les nombreux nœuds indépendants est complexe et nécessite des protocoles et des algorithmes spécifiques. Un aspect important est le mécanisme de consensus, qui garantit que tous les nœuds sont sur la même longueur d'onde et valident les mêmes transactions. Le mécanisme de preuve de travail, utilisé par Bitcoin, est un exemple de tel mécanisme de consensus. Il exige que les mineurs résolvent des problèmes de calcul complexes pour ajouter de nouveaux blocs à la blockchain. Ce processus sécurise le réseau et empêche les manipulations. Lors du choix d'une cryptomonnaie, il est conseillé de se renseigner sur le mécanisme de consensus utilisé, car cela influence la sécurité et l'efficacité du réseau. Faites attention, par exemple, aux informations concernant la consommation d'énergie, la scalabilité et la sécurité du mécanisme de consensus choisi. L'architecture d'un réseau décentralisé influence également la vitesse et les coûts des transactions. Comme chaque nœud doit traiter chaque transaction, la vitesse des transactions peut diminuer en cas de forte charge réseau. Les frais associés à une transaction dépendent de divers facteurs, tels que la charge du réseau et la complexité de la transaction. Renseignez-vous sur les temps et coûts de transaction moyens avant d'utiliser une cryptomonnaie, afin d'éviter des surprises désagréables. Comparez les valeurs proposées par différentes cryptomonnaies pour trouver l'option qui convient le mieux à vos besoins. La décentralisation joue un rôle crucial dans la sécurité et l'indépendance des cryptomonnaies. Elle permet un système financier transparent, résistant à la censure et à l'épreuve des pannes, qui n'est contrôlé par aucune instance unique. Comprendre le fonctionnement des réseaux décentralisés est essentiel pour saisir les avantages et les défis des cryptomonnaies et pour prendre des décisions éclairées lors de leur sélection et de leur utilisation. Informez-vous en profondeur sur les différents aspects de la décentralisation afin d'évaluer au mieux les opportunités et les risques de cette technologie.

Bon à savoir

Mécanisme de consensus

Un mécanisme de consensus est une procédure par laquelle les nœuds d'un réseau décentralisé s'accordent sur l'état actuel de la blockchain. Il garantit que tous les nœuds valident les mêmes transactions et les ajoutent à la blockchain.

Preuve de travail

La preuve de travail (PoW) est un mécanisme de consensus dans lequel les mineurs doivent résoudre des problèmes de calcul complexes pour ajouter de nouveaux blocs à la blockchain et valider des transactions. Ce processus sécurise le réseau et empêche les manipulations, mais nécessite beaucoup d'énergie.

Pair à pair

Le pair à pair (P2P) désigne un réseau dans lequel tous les participants sont égaux et communiquent directement entre eux, sans serveur central. Dans le contexte des cryptomonnaies, le P2P permet des transactions directes entre utilisateurs, sans intermédiaire.

Scalabilité

La scalabilité fait référence à la capacité d'un réseau à gérer un volume de transactions croissant sans que la vitesse et les coûts des transactions ne soient affectés négativement.

Répartition des nœuds du réseau décentralisé

Répartition des nœuds par nombre de connexions et volume de transactions.

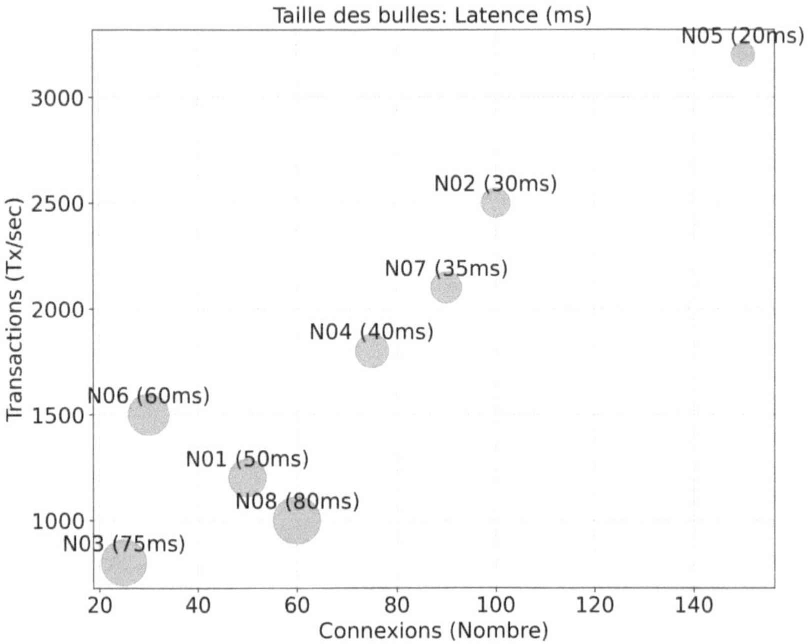

Blasengröße: Latence (ms)

N01: Nœud 01	N02: Nœud 02
N03: Nœud 03	N04: Nœud 04
N05: Nœud 05	N06: Nœud 06
N07: Nœud 07	N08: Nœud 08

Le graphique révèle une corrélation entre le nombre de connexions d'un nœud et le volume de transactions qu'il traite. Les nœuds ayant un nombre de connexions plus élevé ont tendance à gérer un volume de transactions beaucoup plus important. Cependant, certains nœuds avec moins de connexions gèrent tout de même une charge de transaction substantielle, ce qui suggère un positionnement stratégique ou des rôles spécialisés au sein du réseau. Cette répartition inégale met en évidence la nature dynamique des réseaux décentralisés et les contributions variables des nœuds individuels.

Portefeuilles numériques

Les portefeuilles numériques, souvent appelés wallets, sont indispensables pour la gestion des cryptomonnaies. Ils permettent d'accéder à vos actifs numériques et d'effectuer des transactions. Il existe différents types de portefeuilles, qui varient en termes de sécurité et de convivialité. Les portefeuilles logiciels sont des programmes installés sur des ordinateurs ou des smartphones. Les portefeuilles matériels stockent les clés cryptographiques hors ligne sur un appareil séparé, ce qui augmente la sécurité, car ils ne sont pas constamment connectés à Internet. Les portefeuilles web sont accessibles en ligne et offrent une utilisation pratique, mais présentent un risque plus élevé par rapport aux solutions hors ligne. Les portefeuilles papier conservent les clés sur une impression papier, qui doit être conservée en toute sécurité. Un portefeuille contient deux informations importantes : la clé publique et la clé privée. La clé publique sert d'adresse dans le réseau, comparable à un numéro de compte. Vous pouvez la partager sans crainte pour recevoir des cryptomonnaies. En revanche, la clé privée est comme un mot de passe et vous autorise à accéder et à utiliser vos cryptomonnaies. Elle doit absolument rester secrète. Connaître la clé privée équivaut à posséder la cryptomonnaie

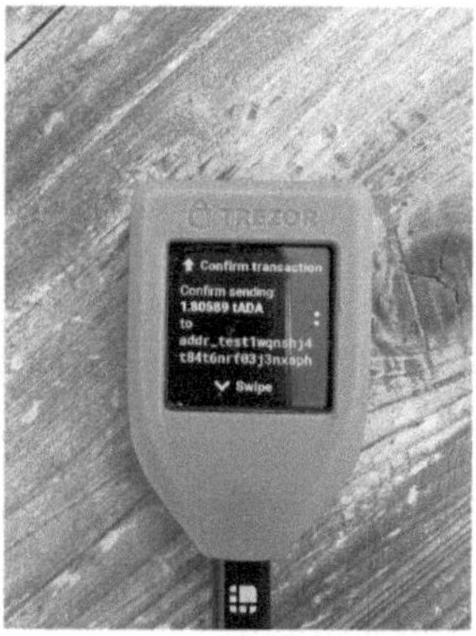

Portefeuilles matériels [i3]

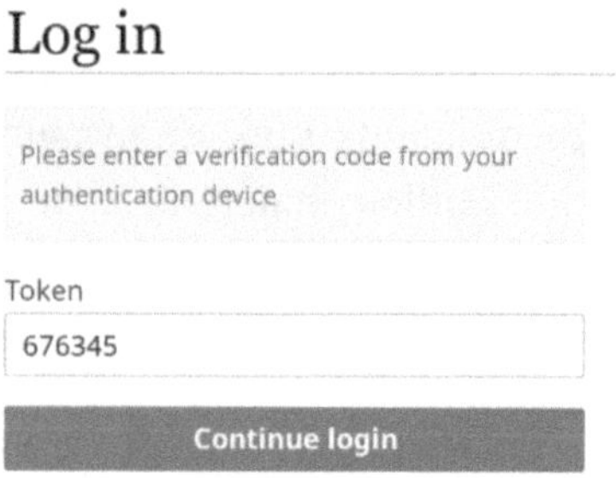

Authentification à deux facteurs [i4]

correspondante. Si vous la perdez, vous perdez l'accès à votre patrimoine. Par conséquent, la conservation sécurisée de la clé privée est cruciale. Une méthode courante consiste à utiliser une phrase de récupération, une série de mots qui génèrent la clé privée. Cette phrase doit être conservée dans un endroit sûr, hors ligne et idéalement à plusieurs exemplaires. Un endroit sûr pourrait être un coffre-fort bancaire ou un coffre spécialement conçu à cet effet. Le fonctionnement d'un portefeuille repose sur des méthodes cryptographiques qui garantissent la sécurité de vos actifs numériques. Lorsque vous souhaitez effectuer une transaction, votre portefeuille utilise votre clé privée pour signer numériquement la transaction. Cette signature prouve que vous êtes le propriétaire légitime de la cryptomonnaie. La transaction est ensuite envoyée au réseau et vérifiée par les mineurs avant d'être intégrée à la blockchain. Lors du choix d'un portefeuille, vous devez prendre en compte divers facteurs. Le niveau de sécurité, la convivialité et la compatibilité avec les cryptomonnaies que vous utilisez sont pertinents. Pour les débutants, des portefeuilles logiciels ou web conviviaux sont recommandés. Pour des montants plus importants ou des investissements à long terme, les portefeuilles matériels sont l'option la plus sûre. Renseignez-vous sur les avantages et les inconvénients des différents types de portefeuilles et choisissez celui qui correspond le mieux à vos besoins et à vos exigences en matière de sécurité. Faites attention à la réputation du fournisseur lors de la configuration d'un portefeuille.

Utilisez uniquement des logiciels et des plateformes de confiance pour minimiser le risque de fraude ou de perte de données. Vérifiez les avis et les témoignages d'autres utilisateurs avant de choisir un portefeuille spécifique. La sécurité de vos actifs numériques dépend en grande partie du choix et de l'utilisation correcte de votre portefeuille. Un choix réfléchi et le respect des directives de sécurité sont donc essentiels. Un exemple de la manière d'augmenter la sécurité est d'activer l'authentification à deux facteurs, qui nécessite un code de sécurité supplémentaire pour accéder à votre portefeuille. Ce code est généralement généré par une application distincte sur votre smartphone. Cela rend l'accès à votre portefeuille plus difficile, même si quelqu'un connaît votre mot de passe. De plus, vous pouvez utiliser la fonction de liste blanche, qui n'autorise que les transactions vers des adresses préalablement approuvées.

Gérer plusieurs portefeuilles peut être judicieux pour répondre à différents besoins ou diversifier les risques. Vous pourriez utiliser un portefeuille pour des transactions quotidiennes et un autre pour des investissements à long terme. - Pour des transactions régulières, un portefeuille en ligne est recommandé, tandis qu'un portefeuille matériel est conseillé pour des investissements à long terme.
- Pour des exigences de sécurité particulièrement élevées, vous pouvez utiliser un portefeuille multi-signatures, qui nécessite l'approbation de plusieurs parties pour une transaction.
- Notez que chaque portefeuille nécessite sa propre sauvegarde. Conservez ces sauvegardes à différents endroits sûrs.

En combinant différents types de portefeuilles et des mesures de sécurité, vous pouvez gérer et protéger efficacement vos cryptomonnaies. Renseignez-vous continuellement sur les nouvelles évolutions et les vulnérabilités de sécurité pour sécuriser au mieux vos actifs numériques.

Bon à savoir

Authentification à deux facteurs
Une mesure de sécurité qui nécessite un second facteur (par exemple, un code d'une application) en plus du mot de passe pour confirmer l'accès à un compte.

Portefeuille logiciel
Des programmes installés sur un ordinateur ou un smartphone qui stockent les clés de l'utilisateur. Ils offrent un niveau de sécurité inférieur par rapport aux portefeuilles matériels.

Portefeuille matériel
Des dispositifs physiques qui stockent hors ligne les clés privées et signent les transactions. Ils sont considérés comme la méthode la plus sûre pour conserver des cryptomonnaies.

Méthodes cryptographiques
Méthodes mathématiques qui garantissent la sécurité et l'intégrité des transactions en cryptomonnaie.

Portefeuille multi-signatures
Un portefeuille qui nécessite l'approbation de plusieurs parties pour autoriser une transaction.

Signature numérique
Une preuve cryptographique qui confirme qu'une transaction a été autorisée par le propriétaire de la clé privée.

Niveaux de sécurité des portefeuilles numériques

Comparaison de la sécurité des différents types de portefeuilles numériques.

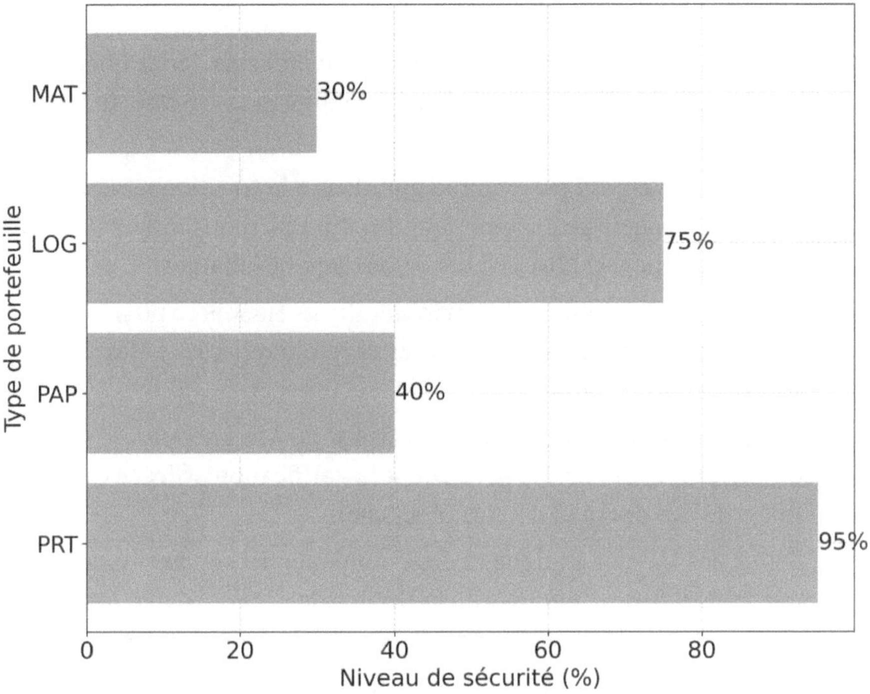

LOG: Portefeuille logiciel

MAT: Portefeuille matériel

PAP: Portefeuille papier

PRT: Portefeuille Web

Les portefeuilles matériels offrent la sécurité la plus élevée, suivis des portefeuilles logiciels. Les portefeuilles papier et Web sont comparativement moins sécurisés, soulignant l'importance de choisir le bon portefeuille en fonction des besoins de sécurité individuels.

Conseils concrets

- Suivez le développement de nouveaux mécanismes de consensus au-delà du Proof-of-Work, afin d'évaluer leur potentiel pour des transactions plus rapides et plus écoénergétiques.
- Simulez le déroulement d'une transaction sur un réseau de test pour retracer de manière pratique les étapes de la création à la confirmation.
- Comparez l'architecture de différentes blockchains, telles que Bitcoin et Ethereum, en termes de scalabilité et de vitesse de transaction.
- Développez un petit programme qui illustre le fonctionnement des fonctions de hachage en apportant des modifications minimales à un texte et en observant les valeurs de hachage résultantes.
- Analysez le code source d'un portefeuille open-source pour comprendre en détail les procédures cryptographiques et les mécanismes de sécurité.
- Recherchez le fonctionnement des arbres de Merkle pour comprendre comment ils permettent la vérification efficace de l'intégrité des données dans la blockchain.
- Visitez des forums en ligne et des communautés de développeurs pour vous informer sur les vulnérabilités de sécurité actuelles et les meilleures pratiques en matière de gestion des clés privées.
- Expérimentez avec différents types de portefeuilles pour découvrir leurs avantages et inconvénients en pratique et trouver la solution adaptée à vos besoins.

1. 2 Mécanismes du marché

Les prix des cryptomonnaies résultent de l'interaction complexe entre l'offre, la demande, la psychologie et des facteurs externes. La quantité totale limitée de Bitcoin, par exemple, crée une rareté naturelle, tandis que les nouvelles, les médias sociaux et le sentiment général du marché influencent la demande. Des facteurs supplémentaires tels que les investissements institutionnels, le volume des échanges et l'interconnexion avec les marchés financiers traditionnels contribuent à la dynamique des prix. La capitalisation boursière, calculée à partir du produit du prix et de l'offre en circulation, sert d'indicateur de la taille et de l'importance d'une cryptomonnaie. Elle donne un aperçu de l'établissement et de la stabilité potentielle, une capitalisation boursière élevée étant souvent associée à une volatilité moindre. Comprendre ces mécanismes de marché est essentiel pour prendre des décisions d'investissement éclairées et optimiser les opportunités et les risques du marché des cryptomonnaies.

Le marché des cryptomonnaies est influencé non seulement par l'offre et la demande, mais aussi par la psychologie, les nouvelles, le sentiment du marché, les indicateurs techniques, les développements macroéconomiques et les activités spéculatives.

Offre et demande

Le prix d'une cryptomonnaie résulte de l'interaction entre l'offre et la demande. L'offre de Bitcoin est limitée par un maximum de 21 millions d'unités [s1]. Ce plafond ne peut pas être dépassé, quelle que soit la demande. La demande est influencée par divers facteurs, notamment les investissements institutionnels, les tendances du marché et la situation économique générale [s1]. Les investisseurs institutionnels qui détiennent du Bitcoin dans leurs portefeuilles réduisent la quantité disponible et influencent ainsi le prix [s1]. Une offre réduite, par exemple par des stratégies de détention à long terme, peut entraîner une augmentation des prix, car la demande rencontre une offre limitée [s1]. Un exemple en est la raréfaction délibérée de l'offre par de grands investisseurs qui conservent leurs avoirs à long terme et peuvent ainsi influencer le prix. Outre la rareté fondamentale, des facteurs psychologiques et des nouvelles externes jouent également un rôle dans la formation des prix [s2]. Les nouvelles négatives ont tendance à avoir un impact plus fort sur la volatilité des prix que les nouvelles positives. À court terme, des activités spéculatives et des manipulations de marché peuvent conduire à des bulles de prix [s2]. Bien qu'il existe une corrélation positive entre le prix et le volume des transactions, le volume des transactions n'est pas un indicateur fiable des évolutions futures des prix dans des phases de marché extrêmes [s2]. La dynamique des prix des cryptomonnaies résulte de l'interaction entre des facteurs fondamentaux et spéculatifs [s3]. Les activités on-chain et les facteurs économiques influencent les composants fondamentaux, tandis que l'attention des investisseurs et les activités off-chain déterminent les composants spéculatifs [s3]. Les marchés des cryptomonnaies ne sont pas isolés des marchés financiers traditionnels. La formation des prix est influencée des deux côtés par les développements sur le marché boursier [s3]. L'adoption croissante des

cryptomonnaies par les institutions et leur intégration dans des portefeuilles traditionnels soulignent cette interconnexion.

Bon à savoir

Activités spéculatives

Les activités spéculatives sur le marché des cryptomonnaies se réfèrent à l'achat et à la vente de cryptomonnaies dans le but de profiter des fluctuations de prix à court terme, sans tenir compte de la valeur sous-jacente de l'actif.

Adoption institutionnelle

L'adoption institutionnelle décrit l'acceptation croissante et l'intégration des cryptomonnaies par des investisseurs institutionnels, tels que les banques, les fonds et les gestionnaires d'actifs, dans leurs portefeuilles et modèles commerciaux.

Investisseurs institutionnels

Les investisseurs institutionnels tels que les fonds ou les gestionnaires d'actifs peuvent influencer le marché par de gros investissements dans les cryptomonnaies. Leurs achats et ventes peuvent avoir des impacts significatifs sur l'offre et la demande, et donc sur le prix.

Offre et demande

Le principe de l'offre et de la demande détermine le prix des cryptomonnaies comme le Bitcoin. Une offre élevée avec une faible demande fait baisser le prix, tandis qu'une forte demande avec une faible offre fait augmenter le prix.

Exemple de fluctuation du prix du Bitcoin

Illustration de la fluctuation du prix du Bitcoin au fil du temps.

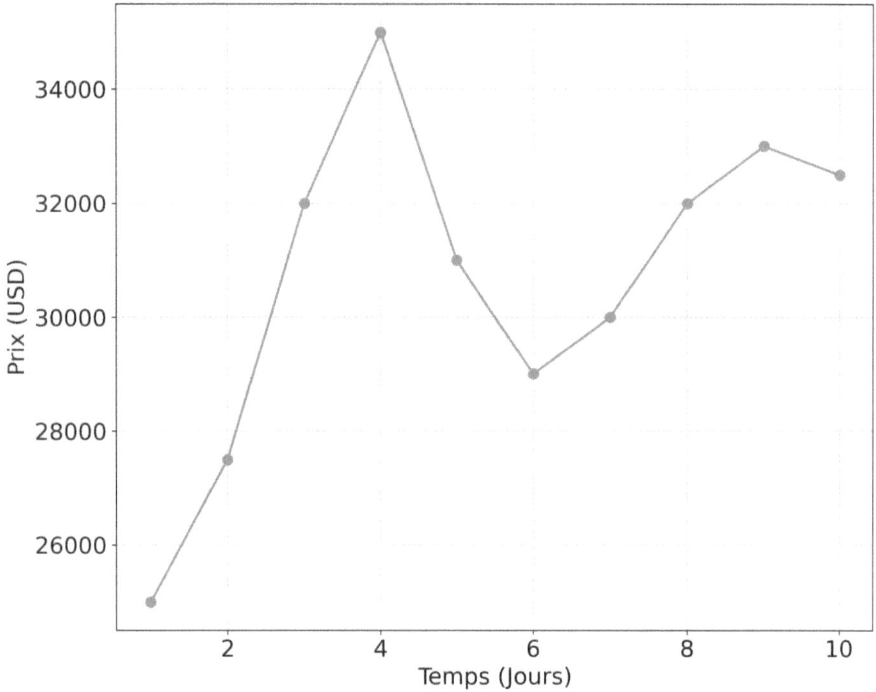

Ce graphique présente une tendance hypothétique du prix du Bitcoin, illustrant la volatilité souvent observée. La hausse initiale suggère une forte demande suivie d'une période de correction et de stabilisation. Bien que ce modèle spécifique soit fictif, il reflète la nature dynamique des marchés des cryptomonnaies, influencée par divers facteurs tels que les nouvelles, les réglementations et le sentiment du marché. Prédire les mouvements futurs des prix en se basant uniquement sur les données historiques n'est pas fiable, ce qui souligne la nature à haut risque et à haute récompense des investissements en cryptomonnaies.

Formation des prix

La formation des prix des cryptomonnaies comme le Bitcoin se présente comme un jeu complexe d'influences variées, qui va au-delà de la simple confrontation entre l'offre et la demande. Bien que la quantité totale limitée de Bitcoin, fixée à 21 millions d'unités, crée une rareté naturelle de l'offre, la disponibilité réelle sur le marché est modulée par le comportement des acteurs du marché. Par exemple, les stratégies de détention à long terme de grands investisseurs, connues sous le nom de "Hodln", peuvent réduire l'offre en circulation et ainsi influencer le prix. En plus de ce lien entre l'offre et la circulation, d'autres facteurs influencent la formation des prix. La perception de l'actif par les acteurs du marché, influencée par les nouvelles, les médias sociaux et le sentiment général du marché, joue un rôle décisif. Une couverture médiatique négative peut entraîner de l'incertitude et des activités de vente accrues, tandis que des nouvelles positives peuvent renforcer la confiance des investisseurs et stimuler la demande. Un investisseur avisé devrait donc examiner de manière critique diverses sources d'information pour prendre des décisions éclairées, plutôt que de réagir aveuglément aux fluctuations à court terme du marché. Au-delà de la présence médiatique, des indicateurs techniques influencent également l'évolution des prix. Le handelsvolumen, c'est-à-dire la quantité de cryptomonnaie échangée sur une période donnée, peut donner des indications sur l'activité du marché. Un volume de transactions élevé avec un prix en hausse indique souvent une forte tendance haussière. Cependant, un volume élevé avec un prix en baisse peut également signaler des ventes de panique. Il est donc conseillé d'interpréter le volume des transactions dans le contexte d'autres signaux du marché, tels que l'évolution de l'ordre de livre. L'interconnexion des marchés de cryptomonnaies avec les marchés financiers traditionnels constitue un autre facteur d'influence. Les développements macroéconomiques, tels que les changements de taux d'intérêt ou l'inflation, peuvent affecter l'appétit pour le risque des investisseurs et, par conséquent, influencer la demande de cryptomonnaies. De plus, l'intégration croissante des cryptomonnaies dans les portefeuilles institutionnels renforce cette interaction. Les investisseurs devraient donc diversifier leur portefeuille et garder un œil sur les développements des marchés financiers traditionnels pour identifier les risques et opportunités potentiels à un stade précoce. Enfin, les activités spéculatives et les manipulations de marché, telles que les scénarios de "Pump and Dump", jouent également un rôle. Dans ce cas, le prix d'une cryptomonnaie est artificiellement gonflé pour ensuite être vendu avec profit, provoquant une chute des prix. Pour se protéger contre de telles manipulations, il est essentiel de s'informer sur le fonctionnement du marché et de se référer à des sources d'information fiables. Une recherche approfondie et une évaluation critique des informations disponibles sont essentielles pour réussir dans le marché des cryptomonnaies.

Diversifier

La répartition des investissements sur différentes classes d'actifs pour minimiser le risque. Dans le contexte des cryptomonnaies, cela signifie investir dans différentes cryptomonnaies plutôt que de parier uniquement sur une seule.

Ordre de livre

Une liste de tous les ordres d'achat et de vente pour une cryptomonnaie spécifique sur une bourse. Elle montre les offres et demandes actuelles pour la cryptomonnaie, triées par prix et quantité. L'ordre de livre donne un aperçu de la profondeur actuelle du marché et de l'intérêt potentiel d'achat et de vente.

Portefeuille

L'ensemble des investissements en cryptomonnaies d'un investisseur. Un portefeuille diversifié contient différentes cryptomonnaies pour répartir le risque.

Pump and Dump

Une forme de manipulation de marché où le prix d'une cryptomonnaie est artificiellement gonflé ("Pump") pour ensuite vendre de grandes quantités de la cryptomonnaie avec profit ("Dump"), entraînant une chute des prix. Souvent, les médias sociaux ou d'autres canaux sont utilisés pour créer un engouement artificiel.

Disparités de prix du Bitcoin entre les bourses

Différences de prix illustratives pour BTC sur différentes bourses.

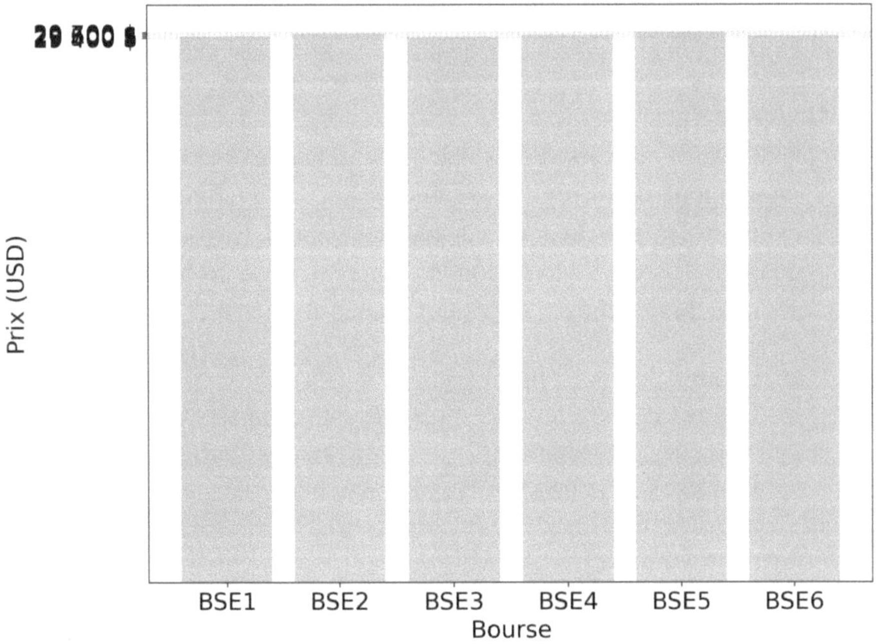

BSE1: Bourse A
BSE2: Bourse B
BSE3: Bourse C
BSE4: Bourse D
BSE5: Bourse E
BSE6: Bourse F

Ce graphique met en évidence le potentiel d'opportunités d'arbitrage en raison des variations de prix entre les différentes bourses de crypto-monnaies. Les traders pourraient potentiellement acheter des BTC sur les bourses avec des prix plus bas et vendre sur celles avec des prix plus élevés, profitant ainsi de l'écart. Cependant, des facteurs tels que les frais de transaction, les limites de retrait et la volatilité du marché peuvent avoir un impact sur la rentabilité réelle d'un tel arbitrage.

Capitalisation boursière

La capitalisation boursière indique la valeur totale de toutes les unités d'une cryptomonnaie en circulation et se calcule en multipliant le prix du marché actuel par la quantité en circulation. Elle sert d'indicateur de la taille et de l'importance d'une cryptomonnaie par rapport à d'autres. Une capitalisation boursière élevée indique une cryptomonnaie plus établie et potentiellement plus stable, tandis qu'une capitalisation boursière faible est souvent associée à une plus grande volatilité et à un risque accru. Les variations de la capitalisation boursière reflètent l'évolution de l'offre et de la demande. Par exemple, si la demande augmente alors que l'offre reste constante, le prix et la capitalisation boursière augmentent tous deux. Inversement, une baisse de prix avec une offre constante peut indiquer une demande décroissante et entraîner une diminution de la capitalisation boursière. [s4] La quantité en circulation elle-même peut également influencer la capitalisation boursière. Par exemple, l'émission de nouveaux coins ou la destruction intentionnelle de coins existants peut modifier la capitalisation boursière, même si le prix reste constant. Il est donc conseillé aux investisseurs de considérer la capitalisation boursière en relation avec d'autres indicateurs, tels que le volume des transactions et la volatilité, afin d'obtenir une image complète de la cryptomonnaie en question. L'examen des mécanismes de marché des stablecoins, qui sont liés à une valeur externe, souligne l'importance de distinguer entre les marchés primaires et secondaires. Alors que le commerce sur les marchés secondaires influence la stabilité des prix à court terme, la structure et le fonctionnement du marché primaire, où les stablecoins sont émis et garantis, déterminent la stabilité à long terme et le comportement des stablecoins, en particulier en période de crise. [s4] Un investisseur avisé devrait donc prendre en compte non seulement la capitalisation boursière et le prix sur le marché secondaire, mais aussi les mécanismes et la stabilité du marché primaire.

Bon à savoir

Capitalisation boursière

La capitalisation boursière d'une cryptomonnaie aide à évaluer sa taille et son influence sur le marché. Elle est calculée en multipliant le nombre de coins disponibles par le prix du marché actuel. Le Bitcoin, en tant que plus grande cryptomonnaie, a souvent une capitalisation boursière plus élevée que d'autres cryptomonnaies plus petites.

Marché secondaire

Sur le marché secondaire, les cryptomonnaies déjà en circulation sont échangées entre investisseurs. Des bourses comme Binance ou Coinbase sont des exemples de marchés secondaires. Ici, le prix est déterminé par l'offre et la demande et est soumis à des fluctuations à court terme.

Volatilité

La volatilité fait référence à l'amplitude des fluctuations du prix d'une cryptomonnaie. Une forte volatilité signifie que le prix peut augmenter ou diminuer rapidement et fortement, ce qui présente à la fois des opportunités et des risques pour les investisseurs. Le Bitcoin est connu pour sa volatilité des prix, qui a cependant tendance à diminuer au fil du temps.

Répartition de la Capitalisation Boursière des Cryptomonnaies

Répartition de la capitalisation boursière parmi les principales cryptomonnaies.

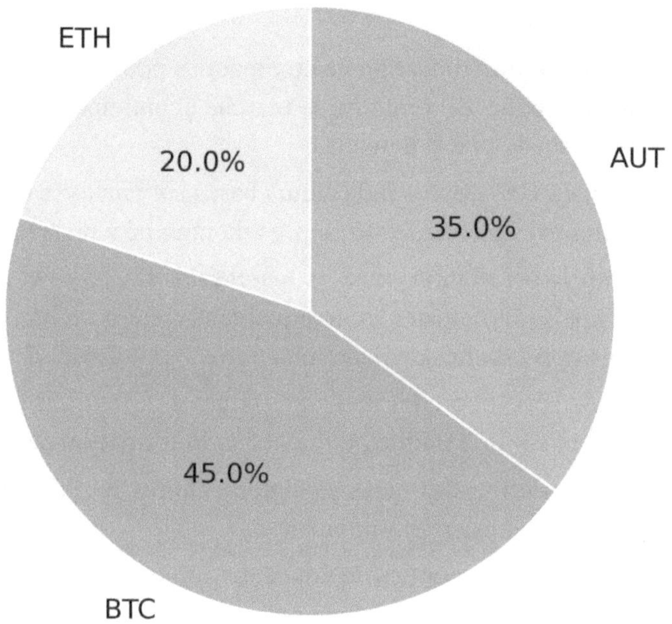

- AUT: Autres Altcoins
- BTC: Bitcoin
- ETH: Ethereum

La dominance du Bitcoin est clairement visible, indiquant son influence significative sur le marché. Bien que l'Ethereum détienne une part substantielle, les autres altcoins, bien que nombreux, représentent une plus petite portion du marché global. Cela suggère un marché concentré avec quelques acteurs clés détenant une valeur significative.

Conseils concrets

- Observez le rapport entre les détenteurs à long terme et les spéculateurs à court terme pour détecter précocement les tendances du marché.
- Identifiez les acteurs dominants du marché et analysez leur comportement commercial pour évaluer leur influence sur la formation des prix.
- Suivez l'évolution du carnet de commandes pour évaluer la volonté actuelle d'achat et de vente sur le marché et anticiper les mouvements de prix potentiels.
- Développez vos propres indicateurs basés sur l'analyse des données on-chain pour détecter les tendances du marché à un stade précoce.
- Exploitez la corrélation entre les marchés de la crypto et les marchés traditionnels pour ajuster stratégiquement votre portefeuille et tirer parti des opportunités de diversification.
- Surveillez l'évolution des nouvelles bourses décentralisées (DEX) et leur impact sur la liquidité du marché et la formation des prix.
- Analysez les effets des mesures réglementaires sur l'évolution des prix de différentes crypto-monnaies.
- Recherchez la tokenomics de nouveaux projets pour évaluer leur développement de valeur à long terme et leur potentiel de marché.
- Développez une compréhension de la psychologie des marchés pour éviter les erreurs de jugement émotionnelles et adopter des stratégies d'investissement rationnelles.

1. 3 Aspects de sécurité

La gestion sécurisée des cryptomonnaies nécessite une compréhension approfondie des mécanismes de sécurité sous-jacents. Les clés privées, l'authentification à deux facteurs et la sauvegarde des données constituent les piliers de la protection de votre patrimoine numérique. Ce chapitre met en lumière les défis associés et les vulnérabilités potentielles qui peuvent ouvrir la porte aux attaquants. La perte, le vol et la fraude sont des dangers réels dans l'univers des cryptomonnaies. La bonne combinaison de mesures de sécurité minimise ces risques et vous permet de garder le contrôle sur vos valeurs numériques. Préparez-vous à maîtriser les aspects de sécurité essentiels et à protéger efficacement vos cryptomonnaies.

La sécurité de vos cryptomonnaies dépend en grande partie d'une approche de sécurité multicouche, qui comprend la conservation sécurisée des clés privées, l'utilisation de l'authentification à deux facteurs et la création et la vérification régulières de sauvegardes.

Clés privées

La clé privée est le code secret qui vous permet d'accéder à vos cryptomonnaies. Elle fonctionne comme la clé de votre coffre-fort bancaire. Seul celui qui possède cette clé peut contrôler et gérer les valeurs qu'elle contient. Si vous la perdez, votre fortune est irrémédiablement perdue. Si vous la partagez avec des personnes non autorisées, vous risquez le vol de vos cryptomonnaies. Par conséquent, la sécurisation de votre clé privée est la tâche la plus importante lors de la gestion des cryptomonnaies. Les clés privées sont générées à l'aide de kryptografischer et se composent d'une longue chaîne de lettres et de chiffres. Cette chaîne de caractères apparemment aléatoire est mathématiquement liée à votre adresse publique, que vous utilisez pour recevoir des cryptomonnaies. À comparer avec une boîte aux lettres : votre adresse publique est l'adresse de la boîte aux lettres, tout le monde peut la voir et y déposer des lettres (cryptomonnaies). La clé privée est la clé de la boîte aux lettres, seul avec elle pouvez-vous retirer les lettres. La sécurité de votre clé privée dépend largement de la méthode de stockage choisie. Différentes méthodes offrent différents niveaux de sécurité et conviennent à différents besoins. En général, on distingue le stockage numérique et analogique. Les méthodes de stockage numérique incluent les logiciels de portefeuille, hardwarewallets et les portefeuilles en ligne. Les logiciels de portefeuille stockent votre clé privée sur votre ordinateur ou smartphone. Les portefeuilles matériels sont des dispositifs séparés spécialement conçus pour le stockage sécurisé des clés privées. Les portefeuilles en ligne stockent vos clés sur les serveurs d'un tiers. Chacune de ces méthodes a ses avantages et ses inconvénients en termes de sécurité, de confort et de convivialité. Un portefeuille matériel offre la plus haute sécurité, mais nécessite un certain temps d'apprentissage et entraîne des coûts supplémentaires. Un portefeuille en ligne est pratique à utiliser, mais présente le risque que vos clés soient perdues en raison d'une attaque de hacker ou de la faillite du fournisseur. Les méthodes de stockage analogique incluent l'écriture de la clé privée sur papier ou son estampage sur métal. Ces méthodes offrent une protection contre les attaques de hackers, mais sont vulnérables à la perte due à un incendie, à l'eau ou au vol. Si les clés privées sont notées sur papier, cela doit se faire de manière redondante et à différents endroits sûrs. L'utilisation de coffres-forts ignifuges et étanches ou de coffres bancaires peut offrir une protection supplémentaire.

Un aspect important de la sécurité des clés est d'éviter les attaques de phishing. Les fraudeurs tentent d'accéder à vos clés privées par le biais de sites Web ou d'e-mails falsifiés. Soyez donc méfiant à l'égard des e-mails ou des messages non sollicités vous demandant de saisir vos clés. Vérifiez toujours l'URL du site Web sur lequel vous vous trouvez et ne saisissez jamais vos clés privées sur un site dont vous ne pouvez pas vérifier l'authenticité. Un autre point important est la sauvegarde de vos clés privées par des sauvegardes. Si vous perdez ou endommagez votre support de stockage, vous pouvez restaurer vos cryptomonnaies à l'aide d'une sauvegarde. Une sauvegarde doit être conservée dans un endroit sûr et séparée de la clé originale. Vous pourriez, par exemple, stocker votre sauvegarde sur une clé USB chiffrée et la placer dans un coffre bancaire. Il est important de tester la procédure de récupération à l'avance pour vous assurer que vous avez accès à vos cryptomonnaies en cas de besoin. Le choix de la bonne méthode de stockage et la mise en œuvre de mesures de sécurité sont essentiels pour protéger vos cryptomonnaies. Renseignez-vous soigneusement sur les différentes options et choisissez la méthode qui correspond le mieux à vos besoins individuels et à votre compréhension de la sécurité. Le contrôle de vos clés privées est la base de la gestion sécurisée de vos actifs numériques.

Bon à savoir

Hacker

Accès non autorisé à des systèmes informatiques ou à des réseaux dans le but de voler des données ou de manipuler des systèmes. Un grand risque pour les portefeuilles en ligne.

Portefeuille logiciel

Programmes installés sur des ordinateurs ou des smartphones qui stockent les clés privées de manière numérique. Ils offrent un bon compromis entre sécurité et convivialité.

Portefeuille en ligne

Services basés sur le Web qui stockent les clés privées sur les serveurs d'un tiers. Ils offrent un grand confort, mais présentent également un risque de sécurité.

Phishing

Tentative de fraude où des criminels essaient d'accéder à des données sensibles telles que des clés privées par le biais de sites Web ou d'e-mails falsifiés.

Sauvegarde

Copies de sécurité des clés privées qui permettent la restauration des cryptomonnaies en cas de perte ou de dommage de l'original.

Répartition des méthodes de sécurité des clés privées

Répartition des pratiques courantes de sécurité des clés privées.

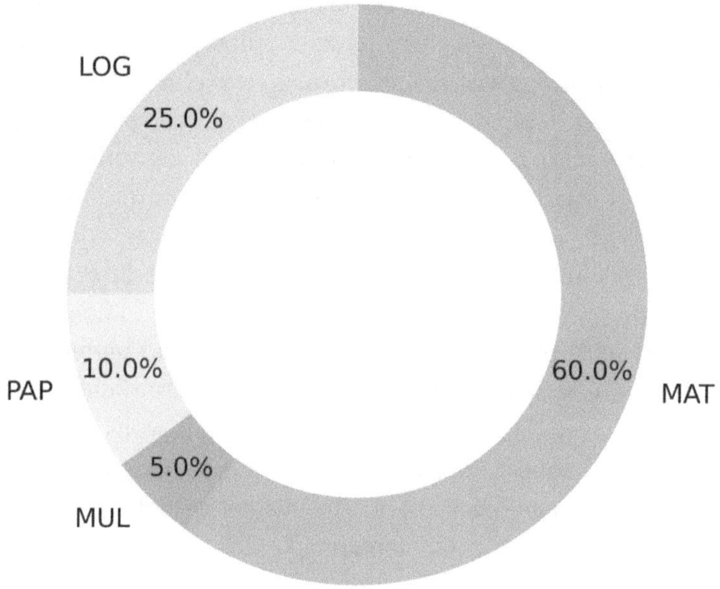

LOG: Portefeuille logiciel
MAT: Portefeuille matériel
MUL: Portefeuille multi-signatures
PAP: Portefeuille papier

Les portefeuilles matériels représentent une part importante des méthodes de sécurité utilisées, ce qui souligne leur popularité pour le stockage sécurisé. Bien que les portefeuilles logiciels et les portefeuilles papier conservent une part, la dominance des portefeuilles matériels souligne la sensibilisation et l'adoption croissantes de mesures de sécurité robustes parmi les utilisateurs de crypto-monnaie. L'utilisation de portefeuilles multi-signatures, bien que plus faible, indique une compréhension croissante des protocoles de sécurité avancés.

Authentification à deux facteurs

L'authentification à deux facteurs (2FA) complète la protection par des clés privées avec une couche de sécurité supplémentaire. Cette méthode exige, en plus du premier facteur d'authentification - généralement un mot de passe ou une clé privée - une seconde confirmation indépendante de l'identité. Le second facteur repose sur quelque chose que seul l'utilisateur légitime possède ou connaît. Les formes les plus courantes de 2FA utilisent des codes uniques basés sur le temps, qui sont générés toutes les 30 secondes. Ces codes sont produits par un algorithme qui repose sur un secret partagé entre la plateforme crypto et l'appareil d'authentification. Des applications d'authentification comme Google Authenticator, Authy ou YubiKey génèrent ces codes directement sur le smartphone ou un token matériel spécifique. Lors de la configuration de la 2FA sur une plateforme d'échange de crypto-monnaies ou un portefeuille, un QR code ou une clé de sécurité est affiché. Après avoir scanné le code avec l'application d'authentification, vous devez entrer le code actuel à chaque connexion ou pour des transactions critiques. Même si un attaquant parvient à obtenir votre mot de passe, l'accès reste refusé sans le second facteur. La sauvegarde des codes de récupération 2FA mérite une attention particulière. Ces codes de secours permettent d'accéder au compte en cas de perte ou de défaillance de l'appareil d'authentification. Conservez ces codes séparément de votre appareil principal - soit sur papier dans un coffre-fort, soit numériquement chiffrés sur un support distinct.

Différentes méthodes de 2FA offrent des niveaux de sécurité variés :
- 2FA par SMS : vulnérable aux attaques par SIM swapping
- 2FA par application : sécurité accrue grâce à la génération locale de codes
- Token matériel : sécurité maximale par séparation physique

La mise en œuvre de la 2FA doit être systématique. Activez d'abord la 2FA pour votre compte e-mail, car celui-ci sert souvent d'option de secours pour d'autres services. Ensuite, introduisez la 2FA pour vos plateformes d'échange de crypto-monnaies et vos services de portefeuille. Testez le processus de récupération avant de gérer des montants plus importants. La combinaison d'une clé privée bien gardée et de la 2FA crée un système de sécurité robuste. La clé privée contrôle l'accès à vos crypto-monnaies, tandis que la 2FA sécurise l'accès aux plateformes de trading et aux portefeuilles en ligne. Cette architecture de sécurité multicouche rend considérablement plus difficile l'intrusion des attaquants.

Les applications d'authentification modernes offrent des fonctionnalités supplémentaires telles que des sauvegardes cloud chiffrées ou la synchronisation entre plusieurs appareils. Cependant, ces fonctionnalités de confort comportent également des risques. Les sauvegardes cloud peuvent être compromises, et la synchronisation ouvre de nouveaux vecteurs d'attaque. Évaluez soigneusement le compromis entre convivialité et sécurité. La vérification régulière de vos paramètres 2FA fait partie de l'hygiène numérique. Supprimez les liaisons 2FA non utilisées, mettez à jour vos applications d'authentification et vérifiez les options de sauvegarde enregistrées. Documentez vos processus de configuration 2FA pour les situations d'urgence, afin que les personnes autorisées puissent accéder à vos actifs numériques en cas de besoin.

Jeton matériel [i5]

Bon à savoir

SIM-Swapping
Une méthode de fraude où des criminels prennent le contrôle de la carte SIM d'une victime pour accéder à ses comptes en ligne et à ses informations financières, y compris les crypto-monnaies.

Sauvegarde cloud
Une méthode de sauvegarde des données où les données sont stockées sur un serveur distant. Bien que cela puisse permettre l'accès aux données depuis différents appareils, cela comporte également des risques de sécurité si le fournisseur de cloud est compromis.

Token matériel
Un petit appareil physique qui génère des mots de passe uniques et est utilisé comme second facteur pour l'authentification. Il offre une sécurité supérieure par rapport aux méthodes 2FA basées sur des logiciels.

Vecteur d'attaque
Une méthode ou un chemin qu'un attaquant peut utiliser pour compromettre un système ou un réseau. La synchronisation des données entre plusieurs appareils peut ouvrir de nouveaux vecteurs d'attaque, chaque appareil représentant une porte d'entrée potentielle pour les attaquants.

Comparaison de la sécurité des méthodes 2FA

Niveaux de sécurité des différentes méthodes 2FA.

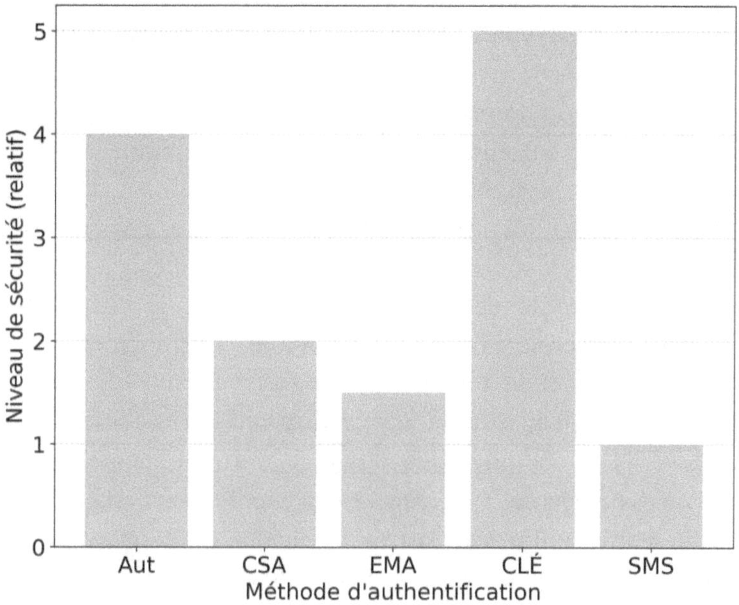

Aut: Application d'authentification

CLÉ: Clé matérielle

CSA: Codes de sauvegarde

EMA: Vérification par e-mail

SMS: Message SMS

L'authentification 2FA par SMS, bien que pratique, offre le niveau de sécurité le plus bas en raison de vulnérabilités telles que l'échange de carte SIM. Les applications d'authentification offrent un niveau de sécurité nettement plus élevé, tandis que les clés matérielles représentent l'option la plus sûre en raison de leur nature physique et de leur résistance aux attaques par hameçonnage. Bien que les codes de sauvegarde offrent une option de récupération, leur nature hors ligne inhérente les rend moins sûrs que les solutions basées sur une application ou sur du matériel.

Sauvegarde des données

La sauvegarde des données protège vos cryptomonnaies contre la perte due à des défaillances techniques, des erreurs humaines ou des attaques. Une sauvegarde de votre portefeuille et des données associées permet la récupération de votre patrimoine crypto. Différentes stratégies de sauvegarde offrent divers niveaux de sécurité et de confort. Une méthode courante consiste à sauvegarder la Seed Phrase, une séquence de 12, 18 ou 24 mots qui encode toutes les informations de votre portefeuille. Notez cette séquence de mots hors ligne, par exemple, à la main sur du papier ou à l'aide d'un poinçon sur métal. Plusieurs copies, conservées à des endroits différents et sûrs, comme des coffres bancaires ou chez des membres de la famille de confiance, minimisent le risque de perte. Assurez-vous de protéger ces informations contre tout accès non autorisé, l'humidité et le feu. Un coffre-fort bancaire offre une bonne protection, tandis qu'un simple papier dans un portefeuille présente un risque élevé. Les portefeuilles logiciels offrent généralement une fonction de sauvegarde qui génère un fichier contenant toutes les données du portefeuille. Enregistrez ce fichier de manière chiffrée sur un support externe qui n'est pas constamment connecté à Internet. Une clé USB, conservée dans un coffre-fort, est une solution pratique. Assurez-vous que le support lui-même est protégé contre les dommages. Des sauvegardes régulières, par exemple mensuelles ou après chaque transaction importante, garantissent que, en cas de perte, seules des pertes minimales se produisent. Les portefeuilles matériels génèrent lors de leur configuration une Recovery Phrase, similaire à la Seed Phrase des portefeuilles logiciels. Conservez cette phrase de manière analogique et sécurisée. Certains portefeuilles matériels offrent des fonctionnalités de sécurité supplémentaires, telles qu'un code PIN ou une passphrase. Documentez soigneusement ces informations et conservez-les séparément de la Recovery Phrase. Les sauvegardes basées sur le cloud offrent certes du confort, mais comportent également des risques. Choisissez un fournisseur de confiance avec un chiffrement fort et une zweifaktorauthentifizierung. Vérifiez régulièrement les politiques de sécurité du fournisseur et activez toutes les options de sécurité disponibles. Testez régulièrement la récupération à partir de la sauvegarde pour vous assurer que vous avez accès à vos cryptomonnaies en cas de besoin. Seule une sauvegarde testée avec succès garantit la récupération de votre patrimoine. Mettez à jour vos sauvegardes régulièrement, notamment après des transactions importantes ou des modifications de votre portefeuille. Une sauvegarde obsolète peut être sans valeur en cas de besoin. La combinaison de différentes méthodes de sauvegarde maximise la sécurité. Par exemple, vous pourriez stocker votre Seed Phrase hors ligne et également créer une sauvegarde chiffrée de votre fichier de portefeuille sur un support externe. Une autre copie de la Seed Phrase à un endroit séparé et sécurisé offre une redondance supplémentaire. La planification et la mise en œuvre soigneuses de votre stratégie de sauvegarde sont fondamentales pour la sécurité de vos cryptomonnaies. Investissez du temps et des efforts dans le choix des méthodes appropriées et dans la réalisation régulière des sauvegardes. Ce n'est qu'ainsi que vous garantirez la protection à long terme de votre patrimoine numérique. La sauvegarde de vos données est une tâche continue qui nécessite une attention régulière. Intégrez la création et la vérification de sauvegardes dans vos routines pour garantir durablement la sécurité de vos cryptomonnaies. Une sauvegarde bien planifiée et régulièrement effectuée est la meilleure assurance contre la perte de vos valeurs numériques.

Coffre-fort bancaire [i6]

Bon à savoir

Portefeuille logiciel

Des portefeuilles numériques installés sous forme de programme sur un ordinateur ou un smartphone. Ils offrent un plus grand confort par rapport aux portefeuilles matériels, mais sont plus vulnérables aux logiciels malveillants.

Portefeuille matériel

Des dispositifs physiques spécialement conçus pour le stockage sécurisé des clés privées. Ils offrent un niveau de sécurité supérieur aux portefeuilles logiciels, car ils fonctionnent hors ligne.

Recovery Phrase

Similaire à la Seed Phrase, elle sert à la récupération d'un portefeuille matériel. Elle doit être conservée de manière sécurisée et hors ligne.

Sauvegardes basées sur le cloud

Des copies de sécurité stockées dans un service de stockage en ligne. Elles offrent du confort, mais comportent également le risque de perte ou de vol de données si le fournisseur est compromis.

Seed Phrase

Une séquence aléatoire de mots utilisée pour la récupération d'un portefeuille de cryptomonnaies. Elle représente la clé privée sous une forme lisible et permet d'accéder aux cryptomonnaies qui y sont stockées.

Fiabilité de la sauvegarde

Comparaison de la fiabilité des méthodes de sauvegarde pour les portefeuilles de crypto-monnaies.

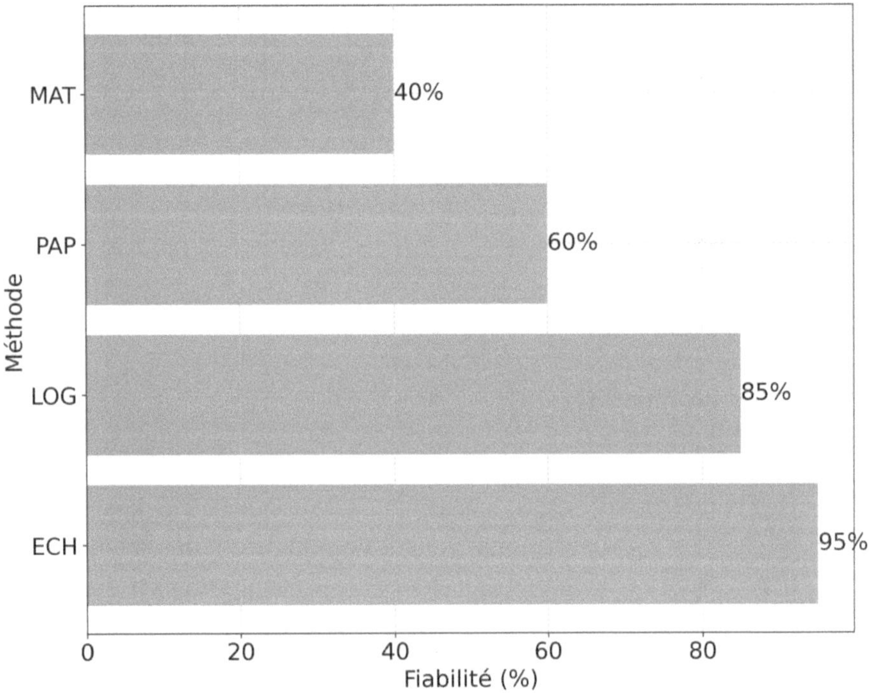

ECH: Portefeuille d'échange
MAT: Portefeuille matériel
LOG: Portefeuille logiciel
PAP: Portefeuille papier

Les portefeuilles matériels offrent la plus grande fiabilité, suivis des portefeuilles papier. Les portefeuilles logiciels et d'échange présentent une fiabilité inférieure, soulignant l'importance de choisir des méthodes de sauvegarde appropriées pour un stockage sécurisé des crypto-monnaies.

Conseils concrets

- Créez un protocole de sécurité personnel pour vos cryptomonnaies et mettez-le à jour régulièrement.
- Stockez votre phrase de récupération sous forme de fichier audio chiffré et répartissez-la sur plusieurs supports de stockage sécurisés.
- Utilisez un gestionnaire de mots de passe spécialement optimisé pour les clés cryptographiques et pouvant être utilisé hors ligne.
- Créez un portefeuille de tromperie avec de faibles montants pour protéger vos avoirs principaux en cas d'accès forcé.
- Établissez un protocole d'urgence avec une personne de confiance pour accéder à vos cryptomonnaies en cas d'incapacité d'agir.
- Vérifiez régulièrement le firmware de vos portefeuilles matériels pour des mises à jour et des vulnérabilités de sécurité.
- Entraînez-vous régulièrement à restaurer vos portefeuilles à partir de sauvegardes pour pouvoir réagir rapidement et en toute sécurité en cas de besoin.
- Pour des transactions particulièrement sensibles, utilisez un système isolé, par exemple un ordinateur qui n'a jamais été connecté à Internet.
- Segmentez vos avoirs en cryptomonnaies sur différents portefeuilles pour minimiser le risque de perte totale.
- Déposez des informations importantes concernant vos cryptomonnaies de manière chiffrée chez un notaire ou un avocat.

Révision - 1. Fondamentaux des crypto-monnaies

La compréhension du monde des cryptomonnaies commence par les bases. La blockchain, le registre décentralisé des transactions, constitue le fondement. Imaginez un livre de comptes numérique tenu par de nombreux ordinateurs à travers le monde, dont les entrées sont immuables. Cette décentralisation augmente la sécurité et la transparence, car aucune institution unique n'a le contrôle. En tant qu'utilisateur de crypto-monnaies en devenir, vous devriez vous familiariser avec les différents types de blockchain et leurs caractéristiques spécifiques, telles que la scalabilité et la vitesse des transactions. Renseignez-vous sur la technologie sous-jacente de divers projets afin de mieux évaluer leur potentiel et leurs risques.

Les réseaux décentralisés, qui forment le cœur des cryptomonnaies, permettent des transactions de pair à pair, c'est-à-dire l'échange direct de valeurs sans intermédiaires. Cela réduit les coûts de transaction et augmente la vitesse. Cependant, notez que la décentralisation entraîne également des défis. Le mécanisme de consensus, qui assure l'accord de tous les participants au réseau, est crucial pour la sécurité et l'efficacité. Informez-vous sur les différents mécanismes de consensus, tels que le Proof-of-Work ou le Proof-of-Stake, ainsi que sur leurs avantages et inconvénients respectifs, notamment en ce qui concerne la consommation d'énergie et la scalabilité. Comparez les frais de transaction et les vitesses de différentes cryptomonnaies pour trouver la solution optimale pour vos besoins.

La sécurisation de vos cryptomonnaies nécessite un portefeuille numérique, appelé wallet. Les wallets existent sous différentes formes, des wallets logiciels sur votre ordinateur aux wallets matériels qui stockent vos clés privées hors ligne. Le choix du bon wallet dépend de vos besoins de sécurité individuels et de votre expérience. Pour les débutants, des wallets logiciels conviviaux sont appropriés, tandis que les utilisateurs expérimentés et les investisseurs avec des montants plus importants devraient privilégier les wallets matériels. Quelle que soit votre choix de wallet, la sauvegarde de vos clés privées et de votre phrase de récupération est d'une importance capitale. Conservez ces informations hors ligne à plusieurs endroits sécurisés pour garder accès à vos cryptomonnaies en cas de perte ou de vol de vos appareils. Activez en tout cas l'authentification à deux facteurs pour garantir une protection supplémentaire contre les accès non autorisés. Restez toujours vigilant face aux tentatives de phishing et ne divulguez jamais vos clés privées sur des sites web non sécurisés ou à des tiers inconnus.

La formation des prix des cryptomonnaies est influencée par l'interaction complexe de l'offre et de la demande, du sentiment du marché, des développements techniques et des facteurs macroéconomiques. La quantité totale limitée de nombreuses cryptomonnaies, comme le Bitcoin, contribue à la stabilité des prix, tandis que les nouvelles, les réseaux sociaux et le climat économique général peuvent influencer la demande. Surveillez le volume des échanges et la capitalisation boursière pour mieux comprendre la dynamique du marché. Diversifiez votre portefeuille pour minimiser les risques et informez-vous continuellement sur les nouvelles évolutions et tendances du marché des cryptomonnaies. Le marché des cryptomonnaies offre des opportunités passionnantes, mais nécessite également une compréhension approfondie de la technologie sous-jacente et des mécanismes du marché.

S'engager dans le monde des cryptomonnaies peut sembler complexe au départ, mais avec les bonnes connaissances et les outils appropriés, vous pouvez tirer parti des opportunités offertes par cette technologie innovante. Investissez du temps dans votre formation, recherchez soigneusement et agissez avec prudence. Le monde des cryptomonnaies évolue constamment – restez curieux et ouvert aux nouveautés pour découvrir tout le potentiel de cette technologie passionnante.

2. Trading de crypto-monnaies

Chaque jour, des milliards sont échangés sur les marchés de la cryptomonnaie - mais comment réussir une entrée rentable dans ce marché dynamique ? Les systèmes de trading numériques ont révolutionné les règles traditionnelles des places boursières et ouvrent de nouvelles possibilités pour les acteurs du marché actifs. Les traders professionnels utilisent des méthodes sophistiquées pour identifier les opportunités et limiter les pertes. Le trading de cryptomonnaies réussi repose sur des principes clairs et des décisions systématiques qui vont bien au-delà du simple achat et vente. Dans ce chapitre, nous révélons les facteurs décisifs qui déterminent le profit ou la perte.

2. 1 Stratégies de trading

Les stratégies de trading sur le marché des cryptomonnaies déterminent le succès ou l'échec. Cette section aborde les principales stratégies, des investissements à long terme au trading rapide quotidien, en passant par la diversification de portefeuille. Les opportunités et les risques associés sont examinés, les défis spécifiques sont mis en lumière et l'importance de décisions éclairées dans un environnement crypto volatil est soulignée. Découvrez comment développer et optimiser votre stratégie individuelle.

Des stratégies de trading de crypto-monnaies réussies, qu'elles soient à long terme ou à court terme, nécessitent une compréhension approfondie des mécanismes du marché, de la gestion des risques et une adaptation continue aux conditions de marché dynamiques.

Investissement à long terme

Les investissements à long terme dans les cryptomonnaies se distinguent des stratégies de trading à court terme par leur concentration sur le potentiel de croissance à long terme, plutôt que sur l'exploitation des fluctuations de prix à court terme. Le choix des instruments d'investissement est donc crucial. Bien que certaines monnaies numériques soient considérées comme une couverture contre les risques de marché, des études montrent que les cryptomonnaies, en général, ne constituent pas un refuge sûr pour les marchés boursiers internationaux et peuvent même augmenter le risque de baisse [s5]. Une allocation dans certaines monnaies numériques peut réduire le risque dans certains cas, mais elle est associée à des risques supplémentaires et n'est pas adaptée comme couverture contre les baisses de marché à long terme [s5]. Les métaux précieux et les monnaies numériques ne conviennent pas non plus comme instruments de couverture sur le marché boursier, des asymétries négatives, en particulier dans les marchés baissiers, étant à observer [s6]. L'analyse de la relation entre les investissements financiers devrait donc distinguer les rendements positifs et négatifs, surtout en période de crise [s6]. Pour les investisseurs à long terme, la diversification est un aspect important. Bien que les actifs numériques et les sources d'énergie durables offrent des possibilités de diversification, dans des conditions de marché extrêmes, la correlation entre eux augmente, ce qui réduit la diversification [s7]. Une analyse dynamique des relations à travers différents quantiles est donc nécessaire pour comprendre pleinement les possibilités de diversification [s7]. Les investisseurs devraient également prendre en compte les différents impacts des monnaies numériques sur différents groupes d'investisseurs [s8]. Pour certains groupes, le pooling peut être plus avantageux que la diversification, tandis que pour d'autres, c'est l'inverse [s8]. Par exemple, les investisseurs institutionnels avec un horizon d'investissement à long terme pourraient

bénéficier de stratégies de pooling, tandis que les petits investisseurs privés devraient plutôt opter pour la diversification afin de réduire leur risque. La prise en compte de ces facteurs et une analyse minutieuse des conditions du marché sont essentielles pour les stratégies d'investissement à long terme sur le marché des cryptomonnaies.

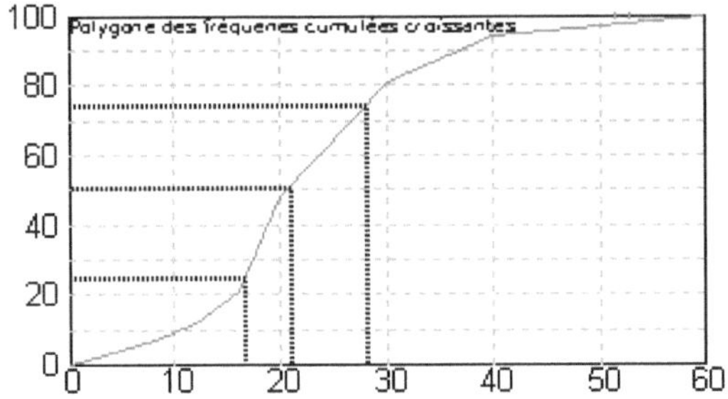

Quantile [i7]

Bon à savoir

Allocation

La répartition des investissements sur différentes classes d'actifs, comme le Bitcoin, l'Ethereum ou d'autres cryptomonnaies, afin de diversifier le risque et d'optimiser le rendement.

Asymétrie

Réactions inégales des cryptomonnaies aux mouvements de marché positifs et négatifs. Par exemple, une cryptomonnaie peut réagir plus fortement aux pertes de prix qu'aux gains de prix.

Corrélation

Le lien statistique entre l'évolution des prix de deux ou plusieurs cryptomonnaies. Une forte corrélation signifie que les prix évoluent de manière similaire.

Diversification

La répartition du capital d'investissement sur différentes cryptomonnaies afin de minimiser le risque de pertes dues à des chutes de prix de certaines monnaies.

Marché baissier

Un marché baissier est un état dans lequel les prix des cryptomonnaies chutent pendant une période prolongée, souvent accompagné de sentiments de marché pessimistes et de volumes de transactions en baisse.

Croissance de l'investissement Bitcoin à long terme

Croissance illustrative d'un investissement hypothétique en Bitcoin au fil du temps.

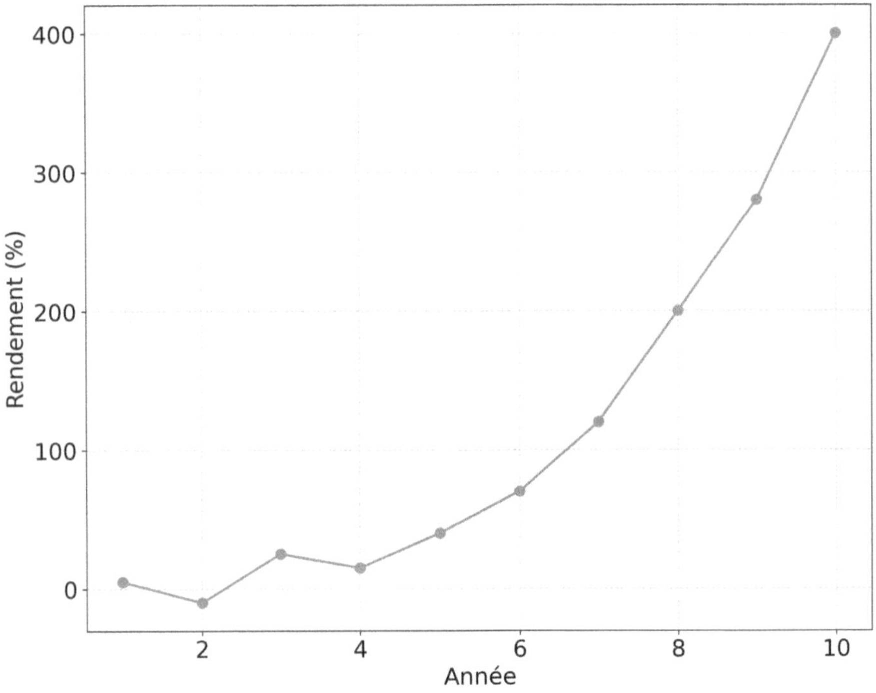

Ce graphique illustre le potentiel de rendements importants avec une stratégie d'investissement Bitcoin à long terme. Alors que la croissance initiale est lente, l'effet composé conduit à des gains substantiels au cours des dernières années. Cela souligne l'importance de la patience et d'une vision à long terme dans l'investissement en crypto-monnaie. Cependant, il est crucial de se rappeler que les performances passées ne sont pas indicatives des résultats futurs et que les investissements en crypto-monnaie comportent des risques inhérents.

Trading de jour

Le trading de jour avec des cryptomonnaies vise à exploiter les fluctuations de prix à court terme au cours d'une journée. Contrairement à l'investissement à long terme, qui se concentre sur un horizon temporel plus long, le trading intrajournalier nécessite une surveillance active des marchés et des réactions rapides aux changements de prix. Des facteurs décisifs pour le succès incluent, en plus d'une connaissance approfondie du marché, le choix de la bonne plateforme de trading et l'utilisation d'outils d'analyse appropriés. Les indicateurs techniques, tels que les moyennes mobiles ou le volume des transactions, peuvent aider à identifier les tendances et les points d'entrée ou de sortie potentiels. La combinaison de différents modèles, comme ceux utilisés dans les méthodes d'ensemble de l'apprentissage automatique, peut améliorer les décisions de trading et ainsi augmenter la rentabilité. Un trader pourrait par exemple utiliser un modèle d'ensemble qui se base à la fois sur les variations de prix à court terme et sur le sentiment général du marché pour générer des signaux d'achat et de vente. La gestion des risques est essentielle dans le trading de jour. La définition de limites de stop-loss pour limiter les pertes et la détermination soigneuse des tailles de position sont indispensables pour protéger le capital. Le trading avec des produits dérivés, qui peuvent multiplier les gains et les pertes, ne devrait être envisagé que par des traders expérimentés ayant une compréhension approfondie des risques associés. La volatilitaet du marché des cryptomonnaies offre certes des opportunités de gains élevés, mais comporte également des risques de pertes significatives. Par conséquent, une formation continue et l'adaptation de la stratégie de trading aux conditions changeantes du marché sont cruciales pour le succès à long terme dans le trading de jour.

Bon à savoir

Indicateurs techniques

Des calculs mathématiques basés sur le prix et/ou le volume d'une cryptomonnaie, utilisés pour identifier les tendances, les niveaux de support et de résistance, ainsi que les points de retournement potentiels.

Moyennes mobiles

Un indicateur technique qui calcule le prix moyen d'une cryptomonnaie sur une période donnée. Il lisse les fluctuations de prix et aide à identifier les tendances.

Plateforme de trading

Une plateforme en ligne qui permet aux utilisateurs d'acheter et de vendre des cryptomonnaies. Elle offre diverses fonctionnalités telles que des carnets de commandes, des graphiques et des outils d'analyse.

Détermination des tailles de position

La décision de combien de capital investir dans une cryptomonnaie spécifique. Elle est cruciale pour la gestion des risques.

Trading intrajournalier

Se réfère au trading d'actifs (comme les cryptomonnaies) au sein d'une seule journée de trading. Les positions sont ouvertes et fermées le même jour.

Stratégies de Day Trading (Crypto)

Potentiel de profit vs. risque des stratégies de day trading crypto, dimensionné par le volume des transactions.

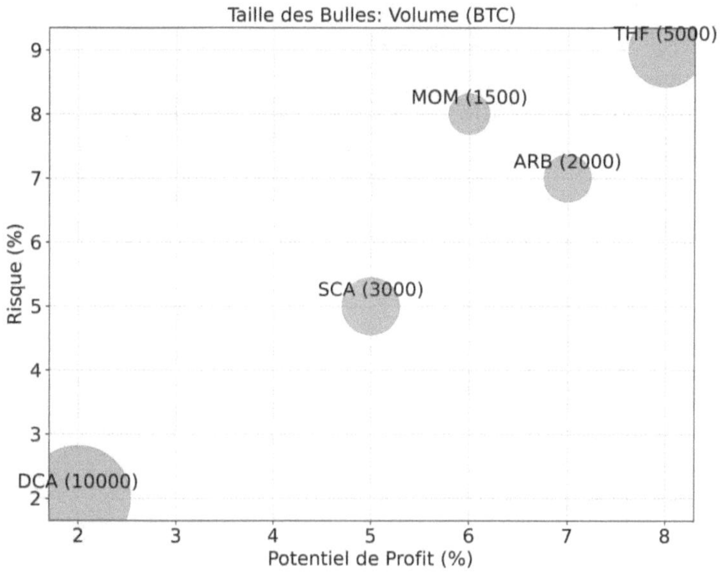

Blasengröße: Volume (BTC)

ARB: Arbitrage

MOM: Trading de Momentum

THF: Trading Haute Fréquence

DCA: Achat à Coût Moyen

SCA: Scalping

Le trading haute fréquence (THF) et l'arbitrage offrent un potentiel de profit élevé, mais comportent également un risque important. Le scalping présente un équilibre entre risque et profit modérés. Bien que l'achat à coût moyen (DCA) ait un potentiel de profit et un risque plus faibles, son volume plus important suggère une adoption plus large. Cela indique que les traders privilégient souvent les stratégies à faible risque, en particulier sur les marchés volatils comme les crypto-monnaies.

Diversification du portefeuille

La diversification du portefeuille dans le domaine des cryptomonnaies signifie répartir le capital d'investissement sur différentes cryptomonnaies et autres classes d'actifs afin de minimiser le risque global. Au lieu d'investir tous les fonds dans une seule cryptomonnaie, on les répartit stratégiquement pour atténuer les pertes potentielles dues à la chute des cours de certaines monnaies. Ainsi, un investisseur pourrait allouer une partie de son capital à des cryptomonnaies établies comme le Bitcoin ou l'Ethereum, une autre partie à des altcoins avec un potentiel de croissance plus élevé, et une troisième partie à des classes d'actifs complètement différentes comme des actions, des obligations ou des matières premières. Cette large répartition réduit la dépendance à la performance de certains actifs. Bien que les cryptomonnaies puissent servir de couverture contre divers risques tels que les actions, monnaies fiat ou incertitudes géopolitiques, ces caractéristiques évoluent avec le temps. [s9] Il est donc conseillé de considérer, en plus des cryptomonnaies, d'autres classes d'actifs comme l'or, le pétrole brut ou le marché européen du carbone pour protéger le portefeuille contre des fluctuations de marché inattendues. [s9] Les stablecoins, qui sont liés aux monnaies fiat, peuvent également

Action [i8]

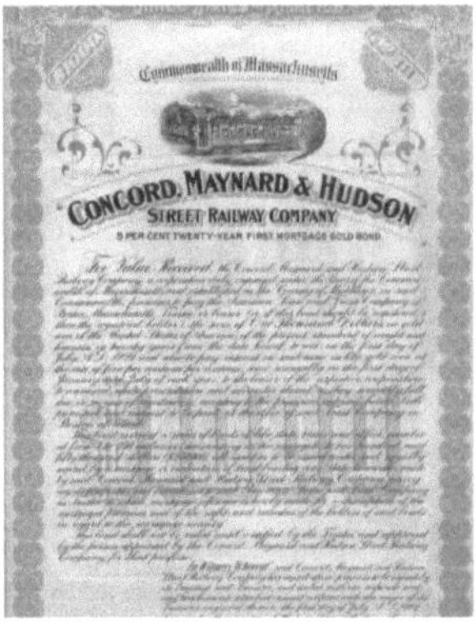

Obligation [i9]

contribuer à la diversification, mais leur stabilité n'est pas toujours garantie et doit être examinée de manière critique. [s9] Un portefeuille diversifié peut non seulement réduire le risque, mais aussi améliorer les opportunités de rendement et diminuer la volatilité globale du portefeuille. [s9] Une révision régulière et un ajustement de la composition du portefeuille en fonction de la tolérance au risque individuelle et de la situation du marché sont essentiels. Un portefeuille bien diversifié devrait inclure différentes classes d'actifs, des cryptomonnaies avec différentes capitalisations boursières et technologies, ainsi que différentes stratégies d'investissement. - Par exemple, une partie du portefeuille peut être utilisée pour des investissements à long terme dans des projets établis, tandis qu'une autre partie peut être consacrée à des transactions à court terme et à l'exploitation des fluctuations de prix. - La pondération des différentes positions doit être adaptée à la tolérance au risque respective.

Or [i10]

Pétrole brut [i11]

Bon à savoir

Altcoins

Des cryptomonnaies alternatives au Bitcoin, qui offrent souvent un potentiel de croissance plus élevé, mais aussi des risques plus importants.

Capitalisation boursière

La valeur totale de toutes les unités en circulation d'une cryptomonnaie. Elle est calculée en multipliant le prix actuel par le nombre total de pièces et sert d'indicateur de la taille et de l'importance d'une cryptomonnaie.

Diversification du portefeuille

Une stratégie de réduction des risques qui consiste à répartir les investissements sur différentes cryptomonnaies et autres classes d'actifs pour minimiser l'impact des pertes sur un actif unique.

Monnaies fiat

Des monnaies traditionnelles émises par l'État, comme le dollar américain, l'euro ou le yen. Elles ne sont pas couvertes par des biens physiques comme l'or.

Exemple de diversification de portefeuille crypto

Répartition diversifiée du portefeuille crypto.

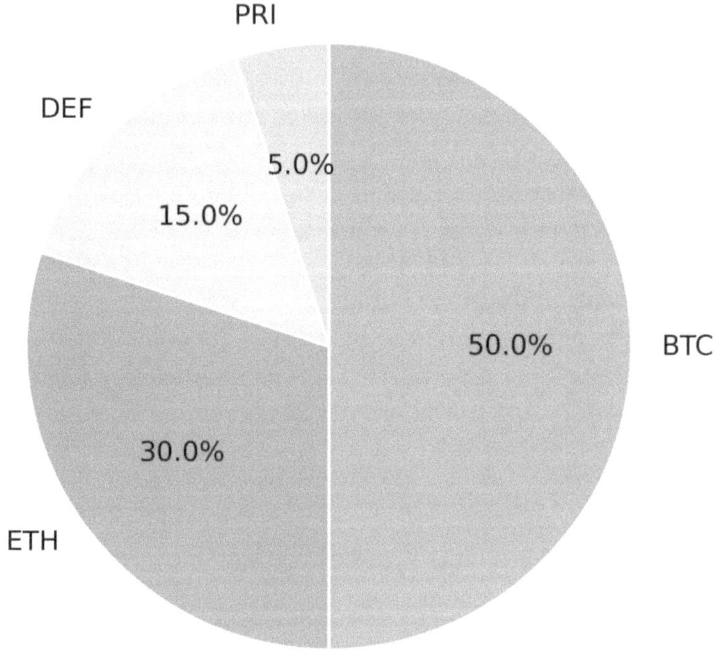

BTC: Bitcoin

ETH: Ethereum

DEF: Jeton DeFi

PRI: Pièce de confidentialité

Ce portefeuille privilégie le Bitcoin (BTC) comme base, en l'équilibrant avec de l'Ethereum (ETH) pour l'exposition aux contrats intelligents. Des allocations plus faibles à un jeton de finance décentralisée (DeFi) et à une pièce axée sur la confidentialité ajoutent de la diversification entre les différents secteurs du marché de la cryptographie. Cette stratégie vise un mélange de stabilité et de potentiel de croissance tout en atténuant les risques en évitant une concentration excessive dans un actif unique.

Conseils concrets

- Utilisez les explorateurs de blockchain pour observer les grandes transactions et en tirer des conclusions sur d'éventuels mouvements de marché.
- Créez un réseau de sources d'information fiables pour contrer rapidement les fausses informations et les manipulations de marché.
- Définissez des critères de sortie clairs pour vos investissements, tant pour la prise de bénéfices que pour la limitation des pertes, et tenez-vous-y de manière cohérente.
- Simulez différents scénarios de marché (crash, boom, mouvement latéral) et testez comment votre stratégie y réagit.
- Analysez l'influence des nouvelles et des médias sociaux sur l'évolution des cours et développez une stratégie pour utiliser ces informations de manière efficace.
- Surveillez l'évolution du volume total du marché pour évaluer le sentiment général du marché et identifier d'éventuels points de retournement.
- Suivez les activités des développeurs et leurs contributions de code aux projets open source pour découvrir tôt des projets innovants.
- Familiarisez-vous avec le fonctionnement des oracles décentralisés et évaluez leur influence sur la formation des prix des actifs cryptographiques.
- Développez une stratégie pour gérer les forks et les airdrops afin de tirer parti des opportunités potentielles et de minimiser les risques.

2. 2 Places de marché

Les plateformes d'échange de crypto-monnaies permettent l'achat et la vente de crypto-monnaies et offrent diverses possibilités d'accès à ce marché. Les bourses centralisées (CEX) offrent une grande liquidité et un accès simplifié, mais comportent des risques tels que le piratage et la faillite. Les bourses décentralisées (DEX) et le commerce direct (P2P) augmentent le contrôle sur ses propres actifs, mais posent des défis en matière de liquidité, de sécurité et de formation des prix. Découvrez dans ce chapitre quelle plateforme correspond le mieux à vos besoins et comment naviguer de manière optimale entre les opportunités et les risques associés.

Le choix de la bonne plateforme de trading de crypto-monnaies (CEX, DEX, P2P) dépend des priorités individuelles : sécurité vs. contrôle, fonctionnalités vs. anonymat, volume de trading vs. flexibilité. Une évaluation soigneuse des avantages et des inconvénients est essentielle.

Places de marché centralisées

Les places de marché centralisées (CEX) fonctionnent comme des marchés en ligne pour les cryptomonnaies, agissant en tant qu'intermédiaires entre acheteurs et vendeurs [s10]. Elles permettent l'échange de fiatwaehrungen, telles que l'euro ou le dollar américain, en cryptomonnaies et vice versa [s10]. Cette fonction simplifie l'accès aux actifs numériques pour un large public. En regroupant l'offre et la demande, les CEX offrent généralement une forte liquidité, ce qui permet des transactions rapides et efficaces [s10]. Un autre aspect est le respect des exigences réglementaires, qui peuvent varier selon la juridiction. Cette régulation peut renforcer la confiance des utilisateurs, mais entraîne également des coûts plus élevés pour les opérateurs [s10]. En plus des avantages, les CEX comportent également des risques. Cela inclut des risques de sécurité, tels que des attaques de piratage, pouvant entraîner la perte de fonds des utilisateurs [s10]. La centralisation des actifs sur la plateforme constitue une cible attrayante pour les cybercriminels. De plus, une mauvaise gestion financière de la part de l'opérateur peut également entraîner des pertes [s10]. Un point central est la nécessité de confier des actifs au CEX. Cette perte de contrôle augmente le risque de fraude ou d'insolvabilité du fournisseur [s10]. Si le CEX venait à faire faillite, les utilisateurs pourraient avoir des difficultés à récupérer leurs fonds. Bien que les CEX offrent un environnement de trading stable et une infrastructure technologique avancée [s11] [s10], les risques associés doivent être soigneusement évalués. Réfléchissez à la possibilité de conserver une partie de vos actifs cryptographiques dans un portefeuille hors ligne sécurisé pour minimiser le risque de pertes dues à des problèmes spécifiques à la plateforme. L'utilisation stratégique des fluctuations du marché pour améliorer la liquidité et l'offre de dérivés et de stratégies de couverture

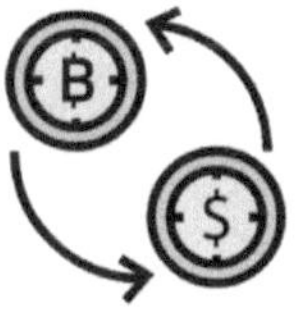

[s11] est attrayante, mais ne doit pas masquer les aspects fondamentaux de la sécurité.

Bon à savoir

Dérivés

Les dérivés sont des instruments financiers dont la valeur est dérivée d'un actif sous-jacent, par exemple une cryptomonnaie. Ils permettent aux traders de spéculer sur les mouvements de prix sans posséder l'actif sous-jacent. Des exemples de dérivés incluent les contrats à terme et les options.

Liquidité

La liquidité fait référence à la capacité de convertir rapidement et facilement un actif en espèces, sans influencer de manière significative le prix. Une forte liquidité signifie qu'il y a de nombreux acheteurs et vendeurs, et que les transactions peuvent être exécutées rapidement.

Stratégies de couverture

Les stratégies de couverture (Hedging) visent à minimiser le risque de pertes dues aux variations de prix. Les traders utilisent divers instruments et techniques pour se protéger contre des mouvements de marché défavorables.

Volume des échanges centralisés

Comparaison du volume quotidien de BTC

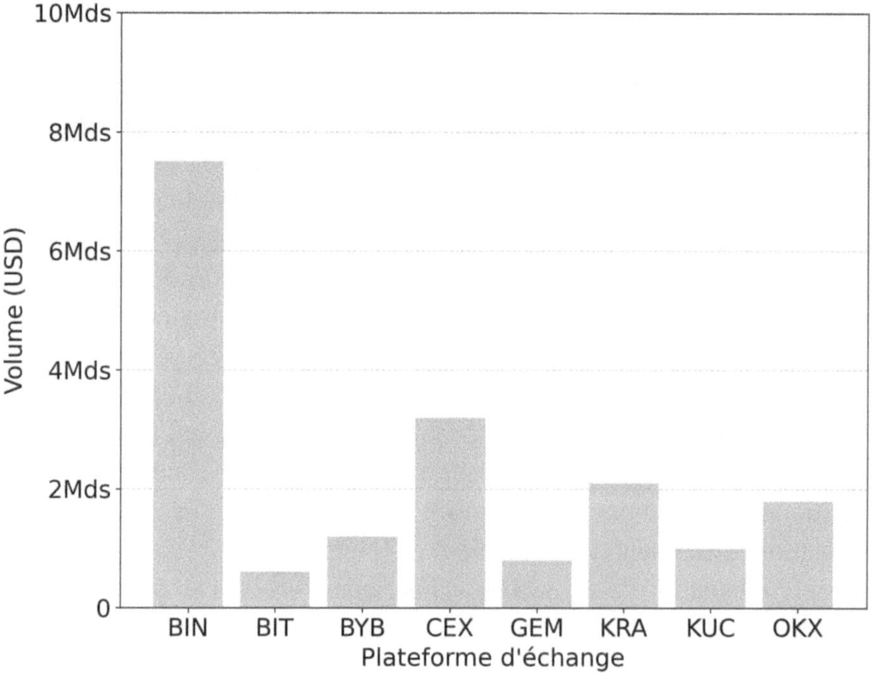

BIN: Binance

BIT: Bitstamp

BYB: Bybit

CEX: Coinbase Exchange

GEM: Gemini

KRA: Kraken

KUC: KuCoin

OKX: OKX

Binance domine le volume des échanges, ce qui indique une liquidité et une activité utilisateur élevées. Coinbase et Kraken détiennent également une part de marché importante, tandis que les bourses plus petites comme Gemini et Bitstamp représentent une part plus petite, mais toujours pertinente, du paysage global du trading de Bitcoin. Cette concentration souligne l'importance de ces plateformes dans la découverte des prix et la stabilité du marché.

Bourses décentralisées

Les bourses décentralisées (DEX) visent à permettre le commerce de cryptomonnaies sans intermédiaires. Contrairement aux plateformes centralisées, les utilisateurs gèrent eux-mêmes leurs clés privées et échangent directement entre eux [s12]. Cela signifie qu'aucune instance centrale ne contrôle les fonds ou les données, ce qui réduit la vulnérabilité aux attaques de hackers et les risques liés à une faillite de l'opérateur de la bourse. Les DEX reposent généralement sur la technologie blockchain et utilisent des smart_contracts pour traiter les transactions de manière automatique et transparente. Un utilisateur qui accorde de l'importance au contrôle total de ses actifs numériques pourrait préférer une DEX pour le commerce. Malgré l'approche décentralisée, certaines DEX ont cependant adopté des pratiques d'intermédiation traditionnelles [s12]. Cela peut compromettre la transparence et la sécurité qui devraient être prioritaires. Il est donc conseillé de se renseigner sur l'architecture et le fonctionnement d'une DEX avant de l'utiliser. Les autorités de régulation examinent l'introduction d'obligations d'enregistrement pour les intermédiaires de monnaies numériques [s12]. De telles mesures pourraient améliorer la protection des investisseurs et renforcer l'intégrité du marché, tout en influençant la nature décentralisée des DEX. Le développement de ce cadre réglementaire et ses impacts sur les DEX devraient être suivis attentivement par les

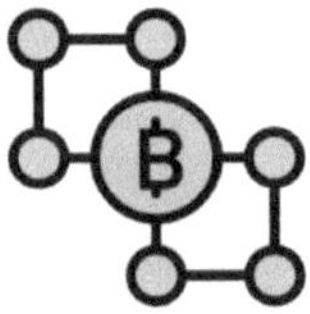

utilisateurs. Un autre aspect des bourses décentralisées est la liquiditaet souvent inférieure par rapport aux CEX. Cela peut entraîner des écarts de prix plus importants et des temps de transaction plus longs. Le choix de la plateforme de trading appropriée, qu'elle soit centralisée ou décentralisée, dépend finalement des priorités et des besoins individuels de l'utilisateur – sécurité contre fonctionnalité et volume de trading. Une évaluation soigneuse des avantages et des inconvénients respectifs est donc essentielle.

Bon à savoir

Pratiques d'intermédiation

Les pratiques d'intermédiation se réfèrent aux activités des intermédiaires ou des courtiers sur un marché. Dans le contexte des bourses décentralisées (DEX), les pratiques d'intermédiation peuvent compromettre la transparence et la sécurité, car elles peuvent saper la nature décentralisée de la plateforme.

Comparaison du volume des transactions DEX

Comparaison du volume quotidien des transactions sur les DEX populaires.

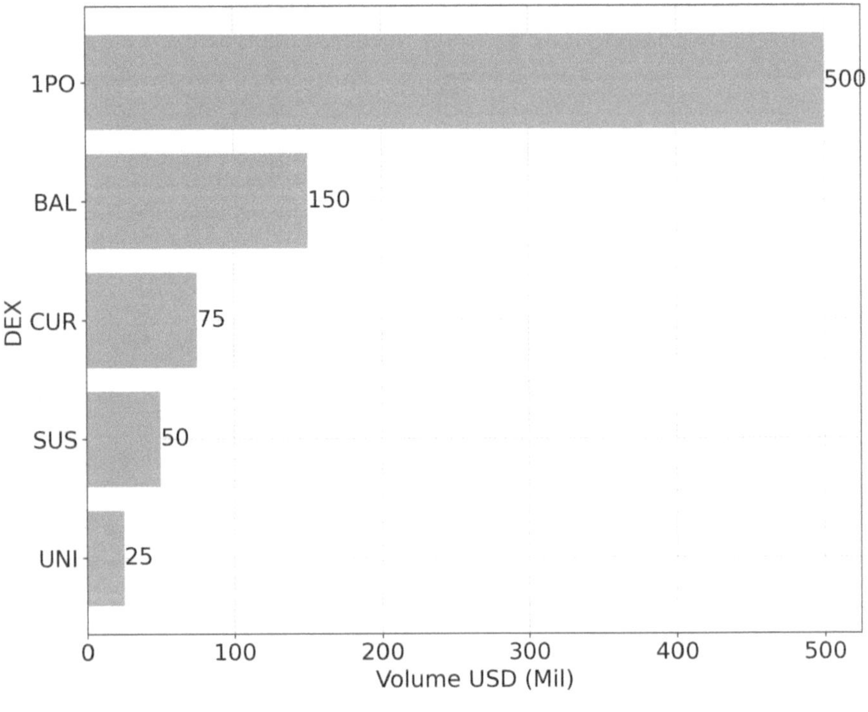

1PO: 1inch

BAL: Balancer

CUR: Curve

SUS: SushiSwap

UNI: Uniswap

Uniswap domine le paysage DEX avec un volume de transactions nettement supérieur à celui des autres plateformes. SushiSwap occupe une deuxième place respectable, tandis que les DEX restants connaissent une activité de négociation considérablement plus faible, ce qui indique une part de marché concentrée parmi les principaux acteurs.

Commerce direct

Le commerce direct, également appelé commerce de pair à pair (P2P), permet l'échange de cryptomonnaies sans l'intervention d'une instance centrale telle qu'une bourse. Les acheteurs et les vendeurs interagissent directement entre eux, souvent via des plateformes P2P ou des forums spécialisés. Ces plateformes offrent généralement des fonctionnalités telles que services d'entiercement pour garantir la sécurité des transactions. Un avantage du commerce direct est un plus grand contrôle sur ses propres actifs. Les utilisateurs gèrent eux-mêmes leurs clés privées et n'ont pas à confier leurs cryptomonnaies à un tiers. Cela réduit le risque de pertes dues à des piratages de bourses ou à leur insolvabilité. De plus, le commerce direct offre souvent des options de paiement plus flexibles. Les acheteurs et les vendeurs peuvent convenir de différentes méthodes de paiement, allant des virements bancaires aux services de paiement en ligne, jusqu'à l'argent liquide. Cela peut être particulièrement avantageux dans les régions où l'accès aux services financiers traditionnels est limité. Un autre aspect est la tarification potentielle. Grâce à des négociations directes, les acheteurs et les vendeurs peuvent négocier des prix qui se situent en dehors des fourchettes fixées par les bourses. Ainsi, un acheteur pourrait obtenir un prix plus avantageux par rapport au prix du marché actuel sur une bourse. Cependant, le commerce direct comporte également certains risques. L'absence d'une autorité de régulation centrale augmente le risque de fraude. Il est important de vérifier soigneusement la réputation de son partenaire commercial et, si nécessaire, d'utiliser des mesures de sécurité telles que des services d'entiercement. La vérification de l'identité des partenaires commerciaux peut également être plus complexe que sur des bourses régulées. Un autre point est la liquiditaet souvent inférieure par rapport aux bourses. Trouver un partenaire commercial approprié avec l'offre ou la demande souhaitée peut prendre du temps. La vitesse de transaction dépend également de la méthode de paiement choisie et du temps de confirmation de la blockchain respective. Enfin, la détermination des prix dans le commerce direct est plus volatile. Les prix peuvent fluctuer davantage que sur des bourses établies, car ils dépendent directement des négociations individuelles entre acheteurs et vendeurs. Pour minimiser le risque de fraude, les utilisateurs devraient commercer sur des plateformes P2P établies avec une bonne réputation et tenir compte des évaluations d'autres utilisateurs. Dans le commerce direct, différents modèles commerciaux existent. Ceux-ci incluent : - des plateformes P2P centralisées qui agissent en tant qu'intermédiaires et offrent des services d'entiercement ; - des plateformes P2P décentralisées basées sur la technologie blockchain qui offrent une plus grande anonymat ; - et une communication directe entre acheteurs et vendeurs via des forums ou des réseaux sociaux, qui présente cependant un risque de fraude plus élevé. Le choix du modèle approprié dépend des besoins individuels et de la tolérance au risque de l'utilisateur. Il est conseillé de se renseigner en profondeur sur les différents modèles et leurs avantages et inconvénients avant de se lancer dans le commerce direct. Le commerce direct peut être une alternative attrayante aux bourses traditionnelles, mais il nécessite un plus grand degré de responsabilité personnelle et de gestion des risques. L'examen minutieux des partenaires commerciaux, l'utilisation de mécanismes de sécurité et une compréhension approfondie des conditions du marché sont essentiels pour un commerce direct réussi. Comparer les frais, les cryptomonnaies proposées et les mesures de sécurité de différentes plateformes P2P peut aider à trouver la plateforme adaptée aux besoins individuels.

Bon à savoir

Volatilité

La volatilité fait référence aux fluctuations de prix d'une cryptomonnaie. Un marché volatil est caractérisé par de fortes variations de prix.

Service d'entiercement

Un service qui augmente la sécurité des transactions crypto en gérant les fonds en fiducie jusqu'à ce que les deux parties aient rempli leurs obligations.

Volume des échanges P2P vs. Bourses

Répartition du volume des échanges pair-à-pair par rapport aux bourses centralisées.

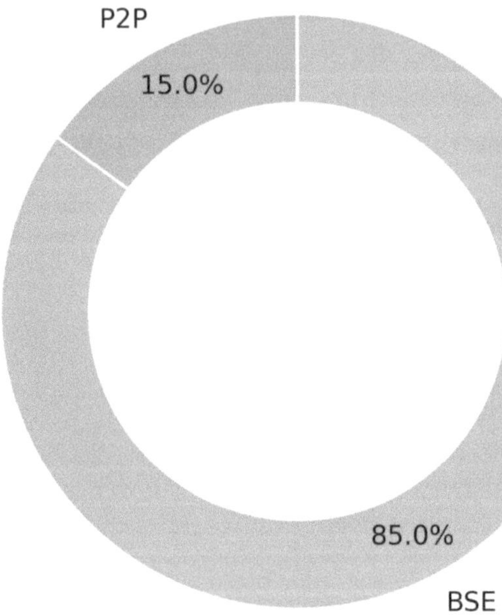

- BSE: Échange en bourse
- P2P: Échange P2P

La visualisation révèle une préférence significative pour les bourses centralisées dans le trading de crypto-monnaies. Cela suggère que les utilisateurs privilégient la liquidité, la vitesse et les fonctionnalités offertes par les plateformes établies. Bien que le P2P offre des avantages potentiels comme la confidentialité et le contrôle direct, sa plus petite part de marché indique qu'il s'adresse à un segment de niche ou est utilisé dans des circonstances spécifiques.

Conseils concrets

- Observez les activités de trading sur des places boursières moins connues pour découvrir tôt de nouvelles tendances et opportunités d'investissement.
- Comparez les structures de frais des différentes places boursières, en particulier en ce qui concerne les coûts cachés tels que les frais de retrait ou les frais de trading pour de faibles volumes.
- Vérifiez les types d'ordres proposés sur différentes places boursières et choisissez la plateforme qui correspond le mieux à vos stratégies de trading.
- Profitez des opportunités d'arbitrage entre différentes places boursières pour tirer parti des différences de prix de la même cryptomonnaie.
- Faites attention aux mesures de sécurité des places boursières, telles que l'authentification à deux facteurs et le stockage à froid, et privilégiez les plateformes avec une sécurité avérée.
- Renseignez-vous sur l'historique et la réputation d'une place boursière avant de lui confier votre capital et recherchez des témoignages d'autres utilisateurs.
- Diversifiez vos actifs cryptographiques sur plusieurs places boursières pour minimiser le risque de perte totale en cas de piratage ou de faillite d'une plateforme.
- Surveillez la liquidité des différentes paires de trading sur une place boursière pour vous assurer que vous pouvez acheter ou vendre vos positions rapidement et efficacement à tout moment.

2. 3 Gestion des risques

Le trading de crypto-monnaies offre de grandes opportunités de profit, mais comporte également des risques considérables en raison de la volatilité du marché. Un trading réussi nécessite donc une gestion active des risques, incluant la limitation des pertes, la détermination des tailles de positions et la prise de bénéfices. Ces aspects influencent directement le rendement et le succès de vos activités de trading. Les chapitres suivants expliquent des stratégies et des méthodes pour protéger efficacement vos investissements et maximiser vos gains. De la compréhension de votre propre tolérance au risque à l'utilisation de modèles quantitatifs – vous trouverez ici les connaissances nécessaires pour gérer avec succès vos investissements en crypto-monnaies. Préparez-vous à optimiser votre stratégie de trading et à prendre le contrôle de votre portefeuille.

Une gestion des risques réussie dans le commerce des cryptomonnaies nécessite une combinaison de limitation des pertes, de détermination des tailles de position et de stratégies de prise de bénéfices, adaptées à la tolérance au risque individuelle et aux conditions du marché.

Limitation des pertes

La limitation des pertes sur le marché des cryptomonnaies nécessite des stratégies qui prennent en compte la volatilité inhérente de cette classe d'actifs. Un aspect important est la définition de sa propre tolérance au risque. N'investissez que des capitaux dont vous pouvez vous permettre de perdre [s13]. Cela empêche des réactions émotionnelles et paniquées face aux fluctuations des prix. Pour les activités de trading à court terme, des outils spécifiques, tels que les ordres de stop-loss garantis, peuvent être utiles pour limiter les pertes [s13]. Ainsi, en cas de baisse des prix, les pertes peuvent être automatiquement minimisées en vendant des positions lorsque le prix prédéfini est atteint. En plus de la tolérance au risque individuelle, une compréhension des risques de marché est essentielle. L'utilisation de modèles quantitatifs peut aider à prendre en compte des scénarios de pertes extrêmes. Une approche consiste à utiliser la valeur à risque conditionnelle (CVaR), qui se concentre sur l'évaluation des pertes potentielles dans un scénario "pire cas" [s14]. En intégrant la théorie de la crédibilité et les variables floues dans de tels modèles, les incertitudes et la volatilité du marché peuvent être mieux représentées [s14]. La diversifikation – c'est-à-dire la répartition des capitaux sur différentes cryptomonnaies et autres classes d'actifs – réduit le risque global du portefeuille. Des "plafonds et planchers" supplémentaires au sein du portefeuille garantissent une allocation réaliste des actifs individuels [s14]. Par exemple, un investisseur pourrait décider que des positions individuelles ne doivent pas dépasser 10 % et ne doivent pas être inférieures à 2 % du portefeuille total, afin d'éviter des risques de concentration tout en assurant une diversification adéquate.

Bon à savoir

Ordre de stop-loss

Ordre de vente automatique qui est déclenché lorsque le prix d'une cryptomonnaie tombe en dessous d'une certaine valeur. Protège contre des pertes importantes.

Risque de concentration

Risque qui survient lorsqu'une grande partie du portefeuille est concentrée dans une seule classe d'actifs ou un seul actif. Une baisse des prix dans ce domaine peut entraîner des pertes importantes.

Théorie de la crédibilité

Approche mathématique pour quantifier les incertitudes, tenant compte des évaluations subjectives et des connaissances d'experts pour évaluer la probabilité d'événements.

Variables floues

Variables dont les valeurs ne sont pas définies de manière précise, mais floue. Permettent de modéliser les imprécisions et les incertitudes dans les données.

Prix du Bitcoin et niveaux de Stop-Loss

Exemple de déclenchement des niveaux de stop-loss lors d'une baisse du prix du Bitcoin.

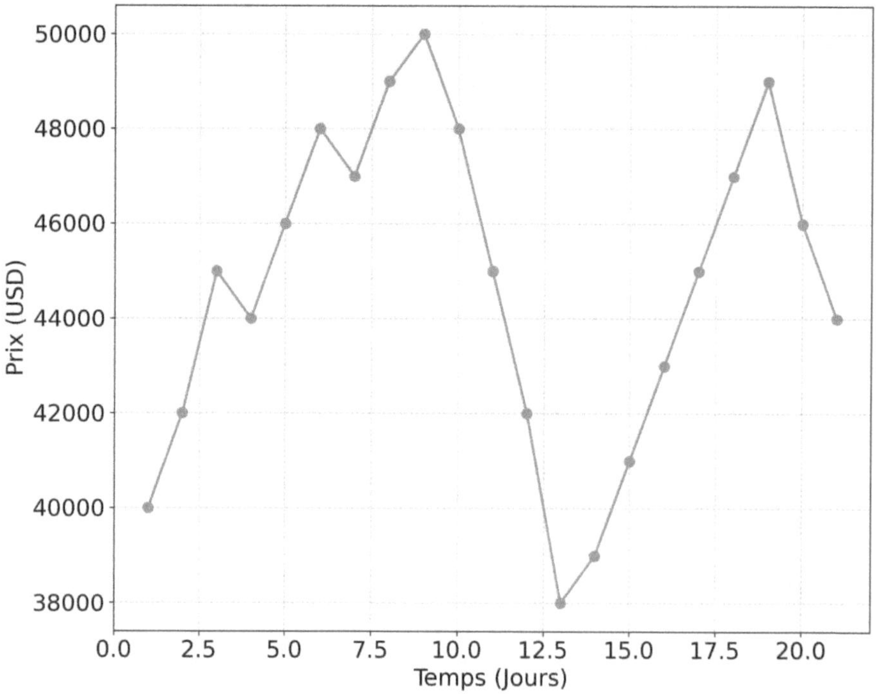

Ce graphique illustre comment les ordres stop-loss peuvent protéger les investissements pendant la volatilité du marché. Le stop-loss initial est déclenché lorsque le prix baisse, limitant les pertes. Un stop-loss suiveur s'ajuste dynamiquement aux fluctuations de prix, bloquant les profits lorsque le prix augmente, mais s'activant lorsque le prix baisse d'un certain pourcentage par rapport à son pic. Bien que les ordres stop-loss n'éliminent pas le risque, ils peuvent atténuer considérablement les pertes potentielles.

Tailles des positions

Les tailles des positions déterminent quelle part de votre capital est investie dans un actif unique, comme le Bitcoin ou l'Ethereum. Une détermination réfléchie des positions limite les pertes potentielles et optimise le rendement global. Il est important de prendre en compte divers facteurs. Votre tolérance au risque personnel joue un rôle décisif. Êtes-vous prêt à prendre des risques plus élevés pour des gains potentiellement plus importants ou préférez-vous une stratégie plus conservatrice avec des rendements plus faibles mais plus constants ? La volatilitaet de la cryptomonnaie concernée influence également la taille de la position. En cas de fluctuations importantes des prix, une position plus petite est conseillée pour éviter des pertes plus importantes. La corrélation entre différentes cryptomonnaies dans le portefeuille doit également être prise en compte. Les valeurs fortement corrélées ont tendance à se déplacer dans la même direction. Une concentration excessive sur de telles valeurs réduit l'effet de diversifikation. En plus de la répartition des risques entre différentes cryptomonnaies, l'allocation dans d'autres classes d'actifs, comme les actions ou les obligations, offre une stabilité supplémentaire. Un portefeuille diversifié peut ainsi atténuer le risque des investissements individuels. Une approche pratique pour la détermination des positions consiste à établir un pourcentage maximal de perte par transaction, par exemple 1 % du capital total. Pour un portefeuille de 10 000 $ et une perte maximale de 1 %, la taille de la position doit être choisie de manière à ne pas dépasser une perte de 100 $. Cela nécessite le calcul des niveaux de stop-loss, basé sur la volatilité de l'actif concerné.

Bon à savoir

Niveau de stop-loss

Un niveau de stop-loss est un prix prédéterminé auquel une cryptomonnaie est automatiquement vendue pour limiter d'autres pertes. La définition d'un niveau de stop-loss est un outil important dans la gestion des risques, car elle aide à éviter les décisions émotionnelles en cas de pertes de prix et à contrôler le potentiel de perte.

Exemple de répartition de portefeuille crypto

Portefeuille cryptographique illustratif à risque géré.

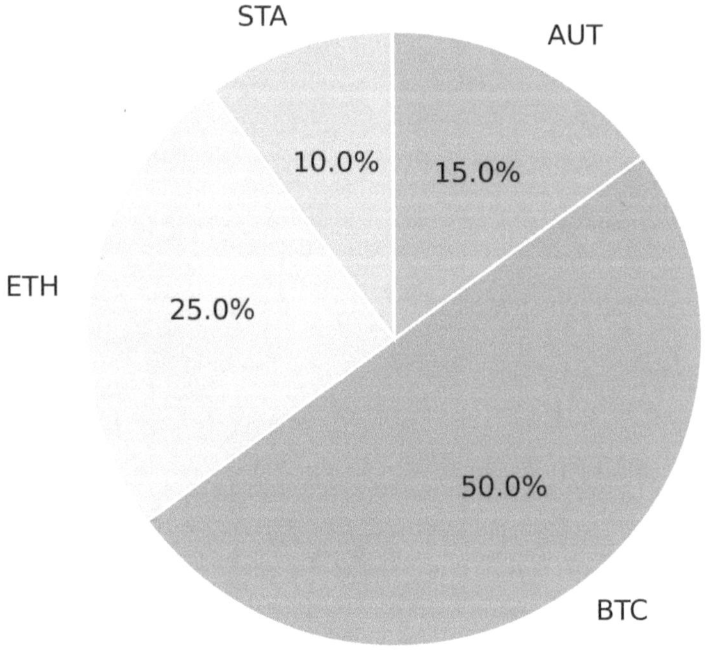

AUT: Altcoins
BTC: Bitcoin
ETH: Ethereum
STA: Stablecoins

Ce portefeuille met l'accent sur la diversification et l'atténuation des risques. L'importante allocation de Bitcoin fournit une base de stabilité relative, tandis qu'Ethereum offre une exposition à l'écosystème DeFi en pleine croissance. Des allocations plus faibles à des altcoins prometteurs offrent des rendements potentiels plus élevés, mais comportent également un risque accru. La partie stablecoin fournit des liquidités et une valeur refuge en période de volatilité du marché.

Prise de bénéfices

La prise de bénéfices est un aspect central du trading réussi de cryptomonnaies. Elle vise à sécuriser les gains réalisés et à minimiser le risque de pertes dues à la forte volatilitaet du marché. Une stratégie de prise de bénéfices devrait être basée sur des règles claires et ne pas être influencée par les émotions. Une telle règle pourrait consister à établir un objectif de gain. Ainsi, un investisseur pourrait décider de vendre une position dès qu'un certain pourcentage de gain est atteint, par exemple 20 % ou 50 %. [s15] Une autre méthode est la prise de bénéfices progressive. Dans ce cas, l'investisseur vend des parties de sa position en plusieurs étapes, tandis que le prix augmente. Cela lui permet de sécuriser des gains à différentes phases et de réduire le risque de manquer le moment optimal pour sortir. En plus des objectifs en pourcentage, des points de prix fixes peuvent également servir de déclencheurs pour la prise de bénéfices. Ces points de prix peuvent être établis sur la base d'analyses techniques ou d'évaluations fondamentales. [s16] Le choix de la stratégie appropriée dépend de la tolérance au risque individuelle, de l'horizon temporel et des attentes du marché. Il est important de mettre en œuvre la stratégie établie de manière cohérente et de ne pas se laisser influencer par les fluctuations de prix à court terme. La discipline et une approche systématique sont essentielles pour le succès à long terme dans le trading de cryptomonnaies. Les impôts doivent également être pris en compte lors de la prise de bénéfices. Grâce à une planification habile, les investisseurs peuvent optimiser leur charge fiscale. Ainsi, les gains détenus pendant plus d'un an pourraient être imposés à un taux plus avantageux. [s16] Une analyse détaillée des aspects fiscaux du trading de cryptomonnaies dans le pays concerné est donc conseillée. En combinant des stratégies claires de prise de bénéfices et une optimisation fiscale, les investisseurs peuvent maximiser leurs rendements tout en gérant efficacement les risques.

Bon à savoir

Analyse technique

L'analyse technique utilise des données historiques de prix et des modèles graphiques pour prédire les mouvements futurs des prix des cryptomonnaies et prendre des décisions de trading.

Analyse fondamentale

L'analyse fondamentale évalue la valeur intrinsèque d'une cryptomonnaie en examinant des facteurs tels que la technologie, l'équipe, l'acceptation et les conditions du marché.

Optimisation fiscale

L'optimisation fiscale désigne des stratégies visant à réduire la charge fiscale dans le cadre des possibilités légales. Dans le contexte des cryptomonnaies, cela peut inclure l'utilisation d'abattements ou la prise en compte des pertes.

Rendement

Le rendement est le gain ou la perte d'un investissement, exprimé en pourcentage du capital investi. Dans le contexte des cryptomonnaies, le rendement peut être obtenu par des gains de prix, des récompenses de staking ou d'autres revenus.

Exemples de stratégies de prise de benefice Bitcoin

Rendements potentiels avec différents niveaux de PB

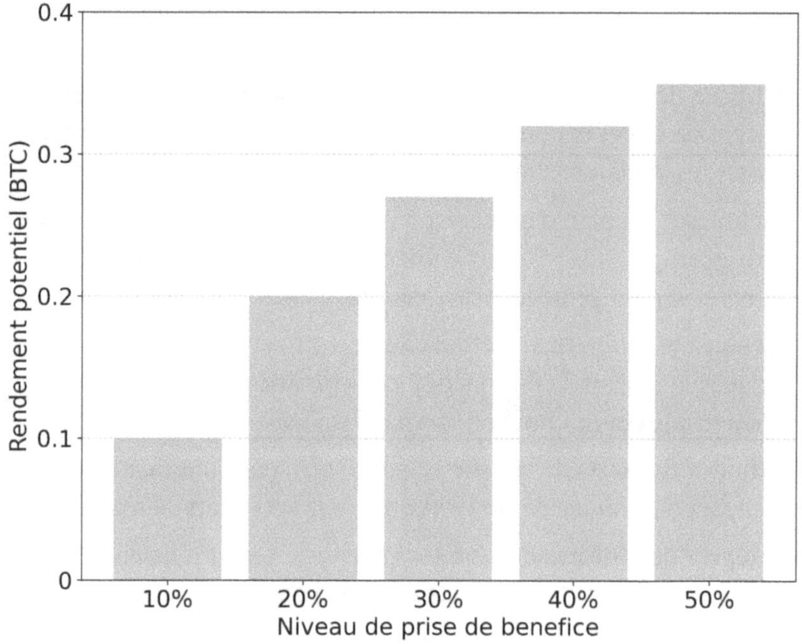

10%: PB 10%

20%: PB 20%

30%: PB 30%

40%: PB 40%

50%: PB 50%

Ce graphique illustre comment différents niveaux de prise de benefice peuvent influencer les rendements potentiels. Alors qu'un niveau PB plus bas comme 10% offre des gains plus fréquents et plus petits, des niveaux PB plus élevés comme 50% visent des profits plus importants et moins fréquents. La stratégie optimale dépend de la tolérance au risque individuelle et des conditions du marché. Une approche diversifiée avec des niveaux de prise de benefice étagés pourrait être la plus efficace.

Conseils concrets

- Définissez des limites de risque individuelles pour chaque cryptomonnaie dans votre portefeuille, basées sur leur volatilité et votre profil de risque personnel.
- Créez un système de feux tricolores pour votre portefeuille, qui vous fournit des signaux d'alerte précoces basés sur des indicateurs techniques et le sentiment du marché.
- Utilisez des systèmes de trading automatisés (bots) pour mettre en œuvre de manière cohérente votre stratégie de gestion des risques et éviter les décisions émotionnelles.
- Définissez un plan d'urgence pour des situations de marché extrêmes (par exemple, des "cygnes noirs"), qui contient des instructions concrètes pour protéger votre capital.
- Évaluez régulièrement l'efficacité de votre stratégie de gestion des risques et ajustez-la en fonction des conditions de marché changeantes et des nouvelles connaissances.
- Simulez des tests de résistance pour votre portefeuille afin d'analyser l'impact des chutes de prix extrêmes sur votre capital total.
- Intégrez des "ordres de stop-loss suiveurs", qui s'ajustent automatiquement aux hausses de prix, pour sécuriser vos gains tout en réagissant de manière flexible aux variations de prix.
- Fixez-vous une limite de perte mensuelle et suspendez le trading dès que cette limite est atteinte, afin de réfléchir à votre stratégie.

Révision - 2. Trading de crypto-monnaies

Le commerce des cryptomonnaies offre des possibilités fascinantes, mais comporte également des risques considérables. Le succès sur le marché volatile des cryptomonnaies nécessite donc une stratégie réfléchie et une compréhension approfondie des mécanismes sous-jacents. Que vous souhaitiez investir à long terme ou trader à court terme, les considérations suivantes peuvent vous aider à atteindre vos objectifs tout en minimisant vos pertes.

Un facteur décisif pour tout investisseur est la diversification. Répartissez votre capital sur différentes cryptomonnaies avec des capitalisations boursières et des technologies variées. Limitez votre engagement dans des positions individuelles pour éviter les risques de concentration et envisagez également d'autres classes d'actifs comme les actions, les obligations ou les matières premières. Gardez à l'esprit que la corrélation entre différents actifs, en particulier en période de crise, peut varier considérablement. Une révision et un ajustement réguliers de votre portefeuille en fonction des conditions du marché et de votre tolérance au risque sont donc essentiels. Réfléchissez, par exemple, à la possibilité qu'une stratégie d'allocation dynamique, tenant compte des corrélations entre les actifs, puisse être pertinente pour vous.

Pour les traders à court terme, le choix de la bonne plateforme de trading est crucial. Les échanges centralisés (CEX) offrent généralement une grande liquidité et un accès facile à diverses cryptomonnaies. Cependant, ils comportent également des risques tels que les attaques de hackers ou la faillite de l'opérateur. Les échanges décentralisés (DEX) offrent plus de contrôle sur vos clés privées et réduisent ainsi le risque de plateforme, mais ont souvent une liquidité inférieure. En alternative, vous pouvez également envisager le trading direct (P2P), qui vous offre plus de flexibilité en matière de méthodes de paiement et de tarification, mais présente également un risque de fraude plus élevé. Évaluez soigneusement les avantages et les inconvénients des différentes plateformes et choisissez celle qui correspond le mieux à vos besoins et à votre tolérance au risque. Renseignez-vous en profondeur sur les mesures de sécurité et les frais de chaque plateforme avant d'engager votre capital.

Quelle que soit votre stratégie de trading, une gestion efficace des risques est essentielle. Définissez votre tolérance au risque et n'investissez que des capitaux dont vous pouvez vous permettre de perdre. Placez des ordres de stop-loss pour limiter les pertes en cas de fortes baisses de prix. Déterminez soigneusement la taille de vos positions en tenant compte de la volatilité de chaque cryptomonnaie. Développez une stratégie claire pour la prise de bénéfices et ne laissez pas vos émotions guider vos décisions. Pensez également aux implications fiscales de vos activités de trading et optimisez votre stratégie en conséquence. Le marché des cryptomonnaies est complexe et en constante évolution. Une formation continue et l'adaptation de votre stratégie aux conditions changeantes du marché sont donc cruciales pour votre succès à long terme.

Le commerce des cryptomonnaies peut être difficile, mais avec la bonne préparation et une approche disciplinée, vous pouvez tirer parti des opportunités de ce marché dynamique. Informez-vous, développez votre propre stratégie et restez toujours prêt à apprendre. Le chemin vers le succès dans le trading de cryptomonnaies nécessite patience, persévérance et un effort constant d'amélioration.

3. Minage de crypto-monnaies

Vous êtes-vous déjà demandé comment de nouveaux Bitcoins sont réellement créés ? Derrière chaque transaction et chaque nouveau token se cache un processus technique fascinant qui nécessite une puissance de calcul massive. Des petits ordinateurs domestiques aux immenses centres de données, des ordinateurs du monde entier travaillent 24 heures sur 24 pour résoudre des énigmes mathématiques complexes. Les investissements nécessaires et la consommation d'énergie soulèvent des questions importantes sur la durabilité et la rentabilité. Dans ce chapitre, nous déchiffrons le monde caché du minage de crypto-monnaies - des bases techniques à la mise en œuvre rentable.

3. 1 Méthodes d'extraction

Cette section examine différentes méthodes de minage de cryptomonnaies, du minage en solo aux pools de minage en passant par le minage en cloud. Chaque méthode présente des avantages et des inconvénients spécifiques en termes de rentabilité, de risque et de ressources nécessaires. Le choix de la bonne méthode influence considérablement le succès et la durabilité de vos activités de minage. Découvrez la stratégie optimale pour votre configuration individuelle et vos objectifs financiers.

Le choix de la méthode de minage (Solo, Pool, Cloud) dépend de la puissance de hachage individuelle, de l'appétit pour le risque et des coûts, et influence la rentabilité et la stabilité des revenus.

Extraction individuelle

Lors de l'extraction individuelle (Solo-Mining), un mineur essaie seul de trouver un bloc dans la blockchain et de recevoir la récompense qui y est associée. Contrairement à l'extraction dans un pool, où la puissance de calcul est regroupée et les récompenses partagées, le mineur individuel conserve l'intégralité de la récompense de bloc pour lui-même. Cela semble séduisant, mais comporte également des risques considérables. La probabilité de trouver un bloc dépend directement de sa propre hashrate par rapport à la hashrate totale du réseau. Si un mineur ne possède qu'une faible part de la hashrate mondiale, la chance de trouver un bloc diminue considérablement. Cela peut entraîner des périodes prolongées sans blocs trouvés et donc sans récompenses, bien que les coûts d'électricité pour faire fonctionner le matériel continuent d'augmenter. On peut comparer cela à un jeu de loterie : plus on possède de billets, plus les chances de gagner sont élevées. Dans le réseau Bitcoin, la hashrate correspond au nombre de billets. Un mineur avec une faible hashrate devrait donc en moyenne attendre très longtemps avant de trouver un bloc. La décision de miner seul ou non dépend de divers facteurs, notamment de sa propre hashrate et de sa tolérance au risque. Les mineurs avec une haute hashrate, qui disposent de réserves financières suffisantes pour traverser de longues périodes sans récompense de bloc, pourraient bénéficier de l'extraction individuelle. Ils acceptent le risque accru en échange de la chance d'obtenir la pleine récompense de bloc. En revanche, pour les mineurs avec une faible hashrate, l'extraction individuelle n'est généralement pas conseillée. Les longues attentes entre les blocs trouvés rendent difficile la couverture des coûts d'exploitation et la réalisation d'un bénéfice. [s17]

Alors que lors de l'extraction individuelle, l'intégralité de la récompense de bloc revient au découvreur, les pools de minage offrent une source de revenus plus stable, bien que moindre. Le choix entre l'extraction en pool et l'extraction individuelle influence donc directement la stabilité et la prévisibilité des revenus. Des attaques telles que Block Withholding (BWH) peuvent affecter l'attractivité des pools de minage et donc indirectement influencer la décision de miner seul ou non. Lors d'une attaque BWH, un membre d'un pool de minage redirige secrètement sa puissance de calcul vers un autre pool pour obtenir des récompenses supplémentaires, sans contribuer au succès de son propre pool. Cela peut réduire la rentabilité du pool attaqué et inciter les mineurs à changer de pool ou même à passer à l'extraction individuelle, bien que cela puisse être moins rentable à long terme. [s17]

Bon à savoir

Block Withholding (BWH)

Le Block Withholding est une méthode d'attaque où un membre d'un pool de minage redirige secrètement sa puissance de calcul vers un autre pool pour obtenir des récompenses supplémentaires, sans contribuer au succès de son propre pool.

Solo-Mining

Lors du Solo-Mining (également appelé extraction individuelle), un mineur essaie seul de trouver des blocs sans rejoindre un pool de minage. Le mineur conserve l'intégralité de la récompense de bloc, mais assume également l'intégralité du risque.

Pools de minage

Les pools de minage sont des regroupements de mineurs qui combinent leur puissance de calcul pour augmenter la probabilité de trouver un bloc. La récompense est répartie proportionnellement en fonction de la puissance de calcul apportée aux membres du pool.

Récompense de bloc

La récompense de bloc est la quantité de cryptomonnaie qu'un mineur reçoit lorsqu'il ajoute avec succès un nouveau bloc à la blockchain. Elle sert d'incitation pour les mineurs à mettre leur puissance de calcul à la disposition du réseau.

Répartition estimée du taux de hachage par méthode de minage (Solo)

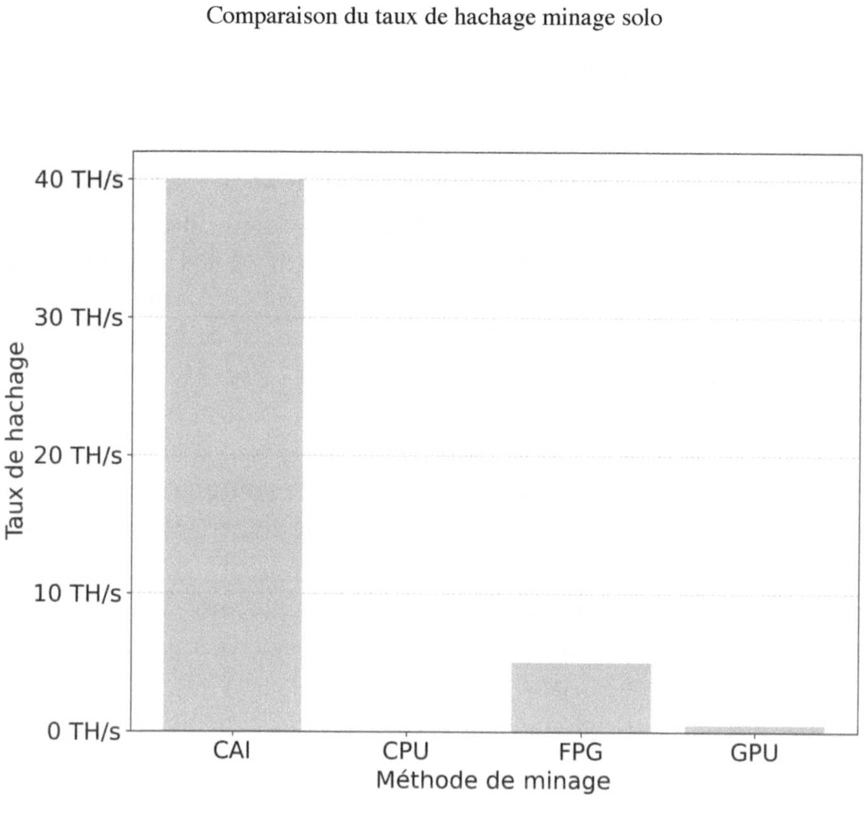

CAI: ASIC

CPU: CPU

FPG: FPGA

GPU: GPU

Le minage par CPU représente une partie négligeable du taux de hachage global, soulignant son inefficacité. Le minage par GPU, bien que plus puissant que le CPU, est encore largement surpassé par les ASIC. Le minage par FPGA occupe un juste milieu, offrant plus de performances que les GPU mais moins que les ASIC. La dominance des ASIC souligne leur conception spécialisée et leur efficacité pour le minage de Bitcoin, ce qui en fait le choix préféré des mineurs solo sérieux.

Communautés de minage

Mining-Pools offrent une alternative au minage individuel en regroupant la puissance de calcul de plusieurs mineurs. Cela augmente la probabilité de trouver des blocs et de recevoir des récompenses, qui sont réparties proportionnellement entre les participants. Cette approche lisse les revenus et les rend plus prévisibles, contrairement aux succès sporadiques du minage en solo. La taille du pool influence directement la fréquence des paiements : un grand pool trouve des blocs plus souvent, mais verse des parts plus petites en raison du grand nombre de participants, tandis qu'un petit pool réussit moins souvent, mais distribue alors des parts individuelles plus élevées. Un mineur qui contribue par exemple avec 100 TH/s de puissance de hachage recevra une part nettement inférieure dans un pool avec 10 000 TH/s de puissance de hachage totale qu'un pool avec seulement 1 000 TH/s. Le choix d'un pool approprié nécessite donc de peser la fréquence et le montant des paiements. En plus de la taille, la structure des frais et la méthode de paiement jouent également un rôle important dans le choix du pool. Certains pools proposent différents modèles de paiement qui minimisent l'influence de la chance et des fluctuations sur les revenus. [s18] La concentration de la puissance de minage dans quelques grands pools peut cependant influencer le marché des cryptomonnaies. Si quelques pools dominent le réseau, le risque de manipulations de prix et d'attaques augmente, ce qui accroît la volatilité des cryptomonnaies. De fortes fluctuations de prix, comme celles observées lors de bulles spéculatives, peuvent encore renforcer le pouvoir des grands pools. [s18] Par conséquent, un choix de pool soigneux est crucial pour la stabilité de l'ensemble de l'écosystème crypto.

Bon à savoir

Écosystème crypto

L'écosystème crypto englobe tous les aspects des cryptomonnaies, y compris la technologie, les acteurs du marché, la réglementation et les applications.

Manipulation des prix

Les manipulations de prix sur le marché des cryptomonnaies sont des tentatives illégales d'influencer artificiellement le prix d'une cryptomonnaie, par exemple par des achats ou des ventes coordonnés de grandes quantités.

Mining Pool

Un mining pool est un groupe de mineurs qui regroupe sa puissance de calcul pour augmenter la probabilité de trouver un bloc et de partager la récompense. Cela offre une source de revenus plus stable par rapport au minage en solo.

Modèle de paiement

Les mining pools utilisent différents modèles de paiement pour répartir les récompenses entre les participants. Ces modèles prennent en compte des facteurs tels que la puissance de hachage apportée, le temps passé dans le pool et la part des blocs trouvés.

Répartition des pools de minage Bitcoin

Répartition du hashrate des pools de minage Bitcoin.

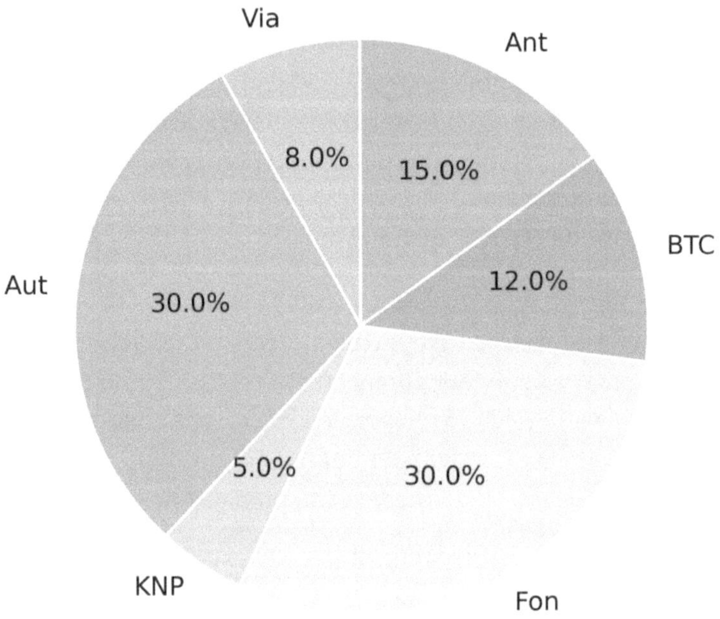

Ant: AntPool	Aut: Autres pools
BTC: BTC.com	Fon: Foundry USA Pool
KNP: Knapool	Via: ViaBTC

Le graphique circulaire visualise le paysage concurrentiel du minage de Bitcoin. Quelques grands pools contrôlent une partie importante du hashrate, ce qui indique un certain degré de centralisation. Bien que cela puisse être bénéfique pour la production stable de blocs, cela soulève également des inquiétudes quant aux potentielles attaques à 51 % et à la santé globale du réseau décentralisé. Les pools plus petits contribuent à un réseau plus distribué, mais leur influence individuelle est limitée.

Extraction en nuage

L'extraction en nuage offre une autre possibilité de participer au processus d'extraction des cryptomonnaies sans avoir à gérer du matériel soi-même. Les utilisateurs louent de la puissance de calcul auprès de fournisseurs spécialisés et reçoivent en échange des parts des cryptomonnaies extraites. Cela réduit la barrière d'entrée, car il n'est pas nécessaire d'acheter du matériel coûteux ni d'en assurer la maintenance, ni de supporter la consommation d'énergie qui en découle. Au lieu de cela, les utilisateurs paient des frais pour la puissance de calcul louée, dont le montant influence considérablement la rentabilité de l'extraction en nuage. Ainsi, un contrat pour 100 TH/s de puissance de calcul chez le fournisseur A peut entraîner des frais plus élevés qu'un contrat comparable chez le fournisseur B, ce qui réduit directement les bénéfices potentiels. Une comparaison des différents fournisseurs en termes de coûts, de durées de contrat et de puissance de calcul proposée est donc essentielle. En plus des coûts, l'extraction en nuage comporte également des risques, notamment la fraude de la part de fournisseurs peu scrupuleux qui ne fournissent aucune puissance de calcul ou qui attirent avec de fausses promesses de gains. Faites attention à la transparence concernant les fermes d'extraction et leur fonctionnement, ainsi qu'à des preuves de performance vérifiables. Un autre aspect est la dépendance au fournisseur : si celui-ci résilie le contrat ou cesse son

activité, la possibilité d'extraction disparaît. Le choix d'un fournisseur établi et de confiance avec une orientation commerciale à long terme minimise ce risque. L'extraction en nuage peut être une option intéressante pour les utilisateurs souhaitant participer au minage de cryptomonnaies sans investissements importants dans le matériel. Cependant, une analyse minutieuse des coûts et des risques est indispensable pour évaluer réalistement les chances de succès.

Puissance de calcul [i12]

Bon à savoir

Extraction en nuage

Lors de l'extraction en nuage, on loue de la puissance de calcul auprès de fournisseurs externes pour extraire des cryptomonnaies sans posséder de matériel soi-même. On participe aux cryptomonnaies extraites, mais ne supporte aucun coût pour le matériel, la maintenance ou l'électricité. La rentabilité dépend des frais du fournisseur.

Fermes d'extraction

Les fermes d'extraction sont des installations qui abritent un grand nombre d'ordinateurs spécialement configurés pour l'extraction de cryptomonnaies. Ces ordinateurs travaillent ensemble pour résoudre des problèmes mathématiques complexes et ajouter de nouveaux blocs à la blockchain.

TH/s

TH/s signifie Tera-Hashes par seconde et est une unité de mesure de la puissance de calcul lors de l'extraction de cryptomonnaies. Elle indique combien de calculs peuvent être effectués par seconde pour trouver de nouveaux blocs dans la blockchain.

Répartition du taux de hachage du minage en nuage

Comparaison du taux de hachage offert par différents fournisseurs de minage en nuage.

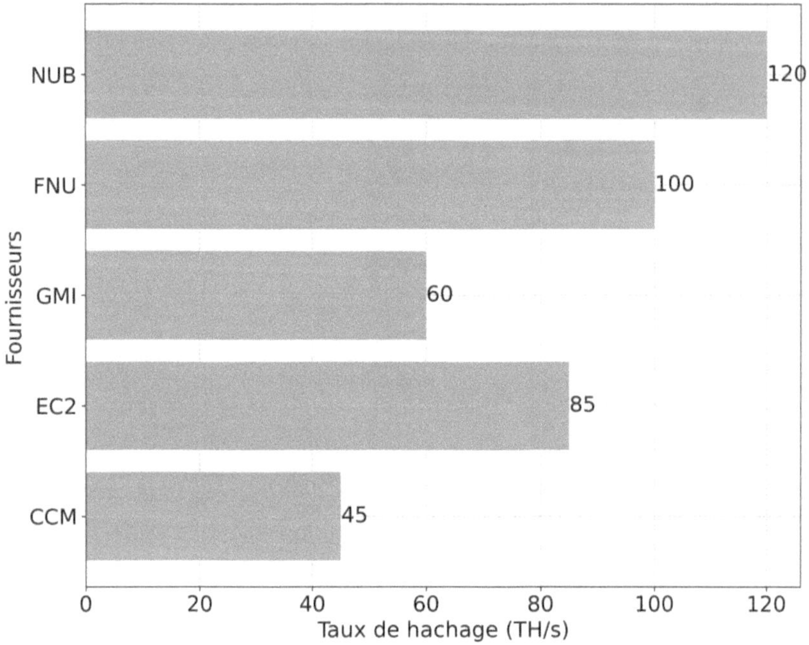

CCM: CloudComp Minage
EC2: Minage EC2
FNU: Genesis Minage
GMI: Hashnest
NUB: Minergate

Le graphique met en évidence des différences significatives dans le taux de hachage offert par divers fournisseurs de minage en nuage. Choisir un fournisseur avec un taux de hachage plus élevé peut potentiellement conduire à de plus grandes récompenses minières, en supposant que tous les autres facteurs comme les frais et le temps de disponibilité soient égaux. La variation suggère des différences potentielles dans les prix et les conditions contractuelles.

Conseils concrets

- Suivez les prix de l'énergie dans différentes régions et optimisez votre stratégie de minage en fonction des coûts d'électricité.
- Expérimentez avec différentes solutions logicielles de minage et comparez leur efficacité en termes de hashrate et de consommation d'énergie.
- Construisez votre propre petit rig de minage à partir de cartes graphiques d'occasion pour acquérir une expérience pratique avec le matériel et les défis associés.
- Développez un système de surveillance pour votre matériel de minage qui vous informe automatiquement des pannes ou des baisses de performance.
- Optimisez le refroidissement de votre matériel de minage pour prolonger la durée de vie des composants et réduire la consommation d'énergie.
- Échangez avec d'autres mineurs sur des forums en ligne concernant les possibilités d'optimisation et les nouvelles méthodes de minage.
- Recherchez des cryptomonnaies alternatives avec un niveau de difficulté de minage inférieur et évaluez leur potentiel.
- Calculez la rentabilité des différentes méthodes de minage en tenant compte des coûts d'électricité, des coûts matériels et de la récompense de bloc actuelle.
- Suivez l'évolution des nouveaux matériels pour le minage de cryptomonnaies et évaluez leur efficacité et leur rentabilité par rapport aux solutions existantes.

3. 2 Matériel

Du processeur simple au ASIC spécialisé, le choix du matériel influence de manière significative l'efficacité et la rentabilité du minage de crypto-monnaies. La consommation d'énergie, le refroidissement et la bande passante mémoire sont tout aussi cruciaux que la puissance de calcul. L'évolution du matériel de minage, des CPU aux GPU, en passant par les FPGA et les ASIC, reflète le besoin croissant d'une performance optimisée. En plus du choix des bons composants, la configuration et l'optimisation, telles que l'overclocking et le sous-voltage, jouent également un rôle important. L'influence de l'algorithme de minage et la dynamique du marché du matériel nécessitent une planification minutieuse de chaque investissement. Découvrez dans ce chapitre quel matériel est le mieux adapté à vos objectifs de minage et comment atteindre une efficacité maximale.

Le choix du matériel de minage dépend de divers facteurs, notamment la cryptomonnaie à miner, le budget, les objectifs à long terme et le rapport entre la puissance de calcul et la consommation d'énergie.

Processeurs

Les processeurs jouent un rôle crucial dans le minage de cryptomonnaies. Au début, on utilisait des CPU, mais leur consommation d'énergie élevée et leur puissance de calcul relativement faible limitaient l'efficacité. [s19] Les cartes graphiques (GPU) ont offert une amélioration significative grâce à leur capacité de traitement parallèle et leur mémoire dédiée. [s19] Pour optimiser davantage les performances des GPU, des techniques telles que l'overclocking, c'est-à-dire l'augmentation des fréquences d'horloge au-delà des spécifications du fabricant, et la sous-alimentation, qui consiste à réduire la tension d'alimentation, ont été mises en œuvre. [s19] L'overclocking augmente la puissance de calcul, mais accroît également la consommation d'énergie et la production de chaleur. En revanche, la sous-alimentation réduit la consommation d'énergie, idéalement sans pertes de performance significatives. Une combinaison d'overclocking et de sous-alimentation peut ainsi améliorer l'efficacité du minage tout en réduisant les coûts énergétiques. [s19] Ce besoin d'optimisation souligne l'importance du rapport entre la puissance de calcul et la consommation d'énergie, qui doit toujours être pris en compte lors du choix du matériel. L'évolution du matériel de minage peut être divisée en quatre générations : CPU, GPU, FPGA (Field Programmable Gate Array) et ASIC (Application Specific Integrated Circuit). [s20] Chaque génération a apporté une augmentation du taux de hachage, c'est-à-dire de la vitesse de calcul lors du minage, mais aussi des changements dans la consommation d'énergie. [s20] Le minage a commencé en 2009 avec des CPU, suivi des GPU à partir de septembre 2010. [s20] Les FPGA sont apparus en décembre 2011 et ont offert pour la première fois du matériel spécifiquement conçu pour le minage. [s20] Enfin, à partir de 2013, les ASIC ont dominé le marché, atteignant un taux de hachage nettement plus élevé grâce à leur architecture sur mesure. [s20] Alors que le taux de hachage et les coûts d'acquisition du matériel

augmentaient, les coûts par unité de hachage générée diminuaient. [s20] La complexité croissante et la concurrence dans le minage ont conduit à la formation de miningpools, où les mineurs regroupent leurs ressources pour augmenter leurs chances de succès. [s19] [s20] Quiconque envisage aujourd'hui d'investir dans du matériel de minage devrait examiner attentivement les développements actuels et la rentabilité des différentes options matérielles, car le paysage évolue constamment.

Circuit intégré spécifique à une application [i13]

Carte graphique [i14]

Efficacité du processeur pour le minage de crypto-monnaies

Prix, performances et efficacité des processeurs de minage de crypto-monnaies populaires.

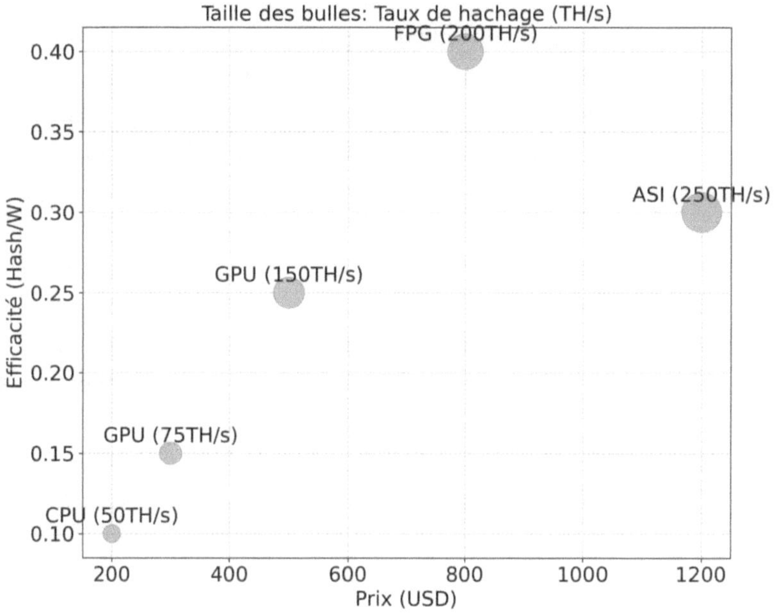

Blasengröße: Taux de hachage (TH/s)

ASI: Mineur ASIC

FPG: Mineur FPGA

CPU: CPU d'entrée de gamme

GPU: GPU de milieu de gamme

Les processeurs hautes performances sont généralement plus chers. Cependant, certains processeurs offrent un bon équilibre entre performances et prix, ce qui les rend idéaux pour les mineurs à la recherche d'un bon rapport coût-efficacité. Les processeurs dont les bulles sont plus grosses offrent des taux de hachage plus élevés, ce qui indique de meilleures performances de minage. Les mineurs doivent tenir compte des compromis entre le prix, les performances et l'efficacité afin de maximiser leur rentabilité.

Cartes graphiques

Les cartes graphiques (GPUs) étaient, après CPUs, la deuxième génération de matériel utilisée pour le minage de cryptomonnaies, offrant des avantages décisifs grâce à leur architecture. Contrairement aux CPUs, qui sont optimisés pour des tâches de calcul générales, les GPUs se distinguent par un grand nombre de cœurs de calcul capables de travailler en parallèle. Cette capacité de traitement parallèle est idéale pour les calculs nécessaires au minage, qui sont souvent répétitifs et peuvent être exécutés simultanément. Un autre avantage des GPUs est leur mémoire dédiée, qui permet un accès rapide aux données nécessaires pour les calculs. Cependant, le choix de la GPU appropriée est plus complexe que la simple considération de la puissance de calcul. Des facteurs tels que la consommation d'énergie, le refroidissement et la bande passante de la mémoire jouent également un rôle crucial dans l'efficacité et la rentabilité du minage. Un mineur qui choisit par exemple une GPU avec une grande puissance de calcul mais aussi une forte consommation d'énergie pourrait finalement réaliser moins de bénéfices qu'une personne avec une carte plus économe en énergie. Il est donc conseillé de comparer différents modèles avant d'acheter une GPU et d'évaluer leurs performances par rapport à la consommation d'énergie. En plus du choix du bon matériel, la configuration de la GPU est également importante pour obtenir des performances optimales. Cela inclut, entre autres, l'ajustement des fréquences d'horloge et de la vitesse des ventilateurs, ainsi que la surveillance de la température. Si ces paramètres ne sont pas correctement réglés, cela peut entraîner une diminution des performances ou même des dommages au matériel. Un aspect important lors du choix d'une GPU est également la disponibilité et le prix. La demande pour des GPUs puissantes peut fluctuer considérablement, entraînant des hausses de prix et des pénuries d'approvisionnement. Il est donc recommandé de surveiller régulièrement le marché et, si nécessaire, de se tourner vers des modèles alternatifs. La valeur de revente de la GPU doit également être prise en compte dans la décision d'achat, car la technologie dans le domaine du minage évolue rapidement et les modèles plus anciens peuvent rapidement perdre de la valeur.

Un autre facteur influençant le choix de la GPU est l'algorithme de minage de la cryptomonnaie. Tous les algorithmes ne peuvent pas être calculés de manière optimale avec chaque GPU. Certains algorithmes privilégient les GPUs avec une grande puissance de calcul, tandis que d'autres dépendent davantage de la bande passante de la mémoire. Il est donc conseillé de se renseigner sur l'algorithme utilisé pour la cryptomonnaie souhaitée et sur les GPUs les mieux adaptées avant d'acheter une GPU. En tenant compte de tous ces facteurs, un mineur peut choisir la GPU optimale pour ses besoins et maximiser l'efficacité et la rentabilité de son opération de minage.

Noyau de calcul [i15]

Bande passante mémoire [i16]

Performance minière GPU (MH/s)

Taux de hachage Ethereum relatif

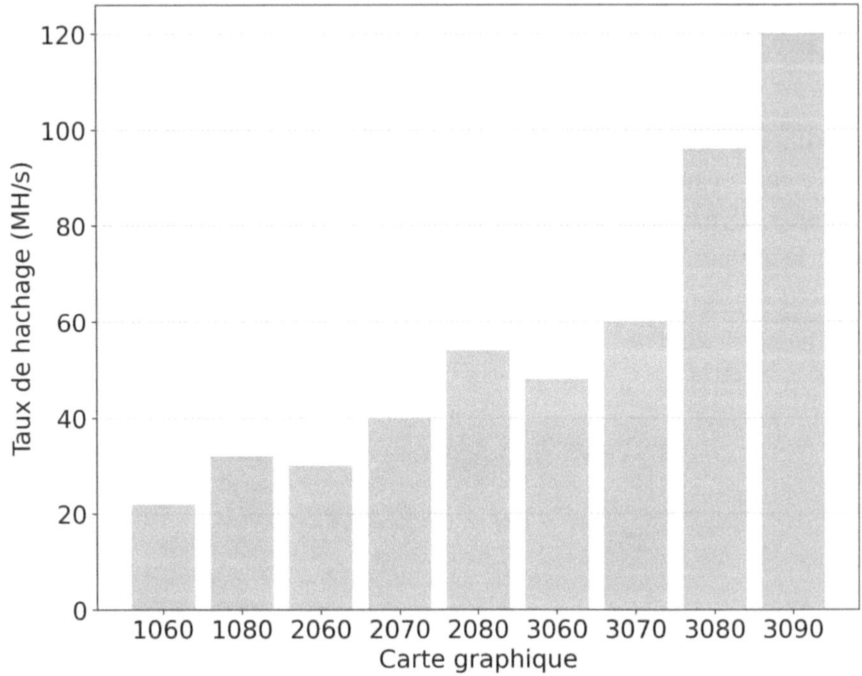

1060: GTX 1060 6GB

1080: GTX 1080

2060: RTX 2060

2070: RTX 2070

2080: RTX 2080 Ti

3060: RTX 3060

3070: RTX 3070

3080: RTX 3080

3090: RTX 3090

Le graphique met en évidence les disparités de performance significatives entre les différents GPU pour le minage d'Ethereum. La RTX 3090 démontre le taux de hachage le plus élevé, ce qui en fait un choix privilégié pour les mineurs. À l'inverse, les modèles plus anciens comme la GTX 1060 offrent des performances considérablement inférieures. Ces données soulignent l'importance du choix du GPU pour la rentabilité du minage.

Matériel spécialisé

Le matériel spécialisé pour le minage de cryptomonnaies va au-delà de l'utilisation de processeurs et de cartes graphiques classiques, et comprend des dispositifs dédiés spécifiquement conçus pour cette tâche. Ces unités, appelées ASICs (Circuits Intégrés Spécifiques à une Application), offrent un taux de hachage et une efficacité énergétique nettement supérieurs par rapport au matériel universel. Un ASIC est adapté à un miningalgorithmus spécifique, ce qui lui permet d'effectuer des calculs beaucoup plus rapidement qu'une GPU, qui est conçue pour un éventail de tâches plus large. Cette spécialisation entraîne un avantage considérable en termes de vitesse et de consommation d'énergie, ce qui impacte directement la rentabilité du minage. Par exemple, un ASIC optimisé pour l'algorithme SHA-256 de Bitcoin peut hacher des millions de fois plus rapidement qu'une carte graphique haut de gamme, tout en consommant moins d'énergie par unité de hachage générée. Cependant, cette spécialisation présente également des inconvénients. Les ASICs sont généralement plus coûteux à l'achat et moins flexibles. Si l'algorithme de minage d'une cryptomonnaie change, l'ASIC peut devenir obsolète. De plus, la puissance de calcul se concentre souvent dans de grandes fermes de minage grâce à l'utilisation d'ASICs, ce qui peut influencer la décentralisation du réseau. En plus des ASICs, il existe également des FPGAs (Field Programmable Gate Arrays), une sorte d'intermédiaire entre le matériel universel et les ASICs. Les FPGAs peuvent être configurés pour différents algorithmes de minage, offrant ainsi plus de flexibilité que les ASICs, mais n'atteignent pas leur performance. Le choix du matériel spécialisé approprié dépend de divers facteurs, notamment la cryptomonnaie à miner, le budget et les objectifs à long terme. Une analyse minutieuse du marché et des algorithmes concernés est essentielle avant d'investir dans du matériel spécialisé. La combinaison d'overclocking et de sous-tension peut

considérablement améliorer l'efficacité de minage des unités de traitement graphique et augmenter la rentabilité, comme le montrent des études. Cependant, ces techniques d'optimisation doivent être appliquées avec prudence, car elles peuvent solliciter le matériel et entraîner des dommages si elles ne sont pas effectuées correctement. Une connaissance approfondie de son propre matériel et de ses limites est donc indispensable.

Bon à savoir

Fermes de minage

Les fermes de minage sont de grandes installations qui abritent une variété de matériel de minage pour regrouper la puissance de calcul et augmenter la probabilité de trouver un bloc. L'utilisation d'ASICs contribue à la formation de fermes de minage.

Processeur

Les processeurs, ou CPUs, sont les unités de calcul centrales des ordinateurs. Ils peuvent être utilisés pour le minage, mais sont nettement moins efficaces par rapport aux cartes graphiques et aux ASICs.

Sous-tension

La sous-tension réduit la tension du matériel pour diminuer la consommation d'énergie. En combinaison avec l'overclocking, cela peut optimiser l'efficacité de minage.

Efficacité du taux de hachage au fil du temps

Amélioration de l'efficacité du taux de hachage du matériel minier spécialisé.

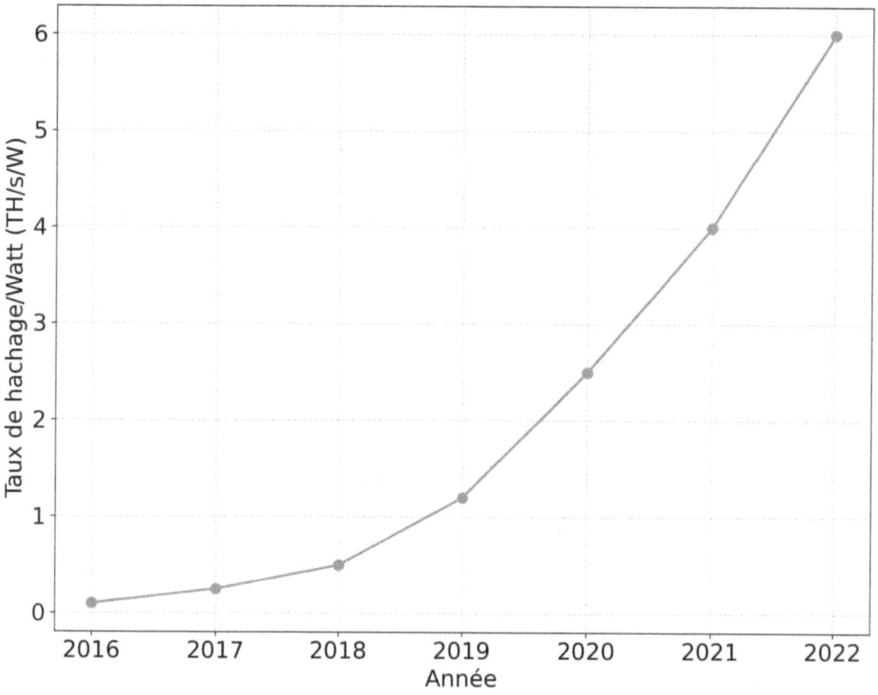

Le graphique montre une augmentation constante de l'efficacité du taux de hachage au fil du temps. Cela suggère des progrès technologiques et des optimisations du matériel spécialisé pour le minage de crypto-monnaies, conduisant à plus de hachages par unité d'énergie consommée. Cette tendance pourrait indiquer une rentabilité accrue pour les mineurs et un impact potentiel sur le taux de hachage global du réseau.

Conseils concrets

- Configurez votre matériel de minage pour fonctionner en mode basse consommation afin de réduire la consommation d'énergie et d'augmenter la durée de vie des composants.
- Explorez les possibilités de réutilisation de la chaleur résiduelle de votre matériel de minage, par exemple pour chauffer des pièces ou de l'eau.
- Expérimentez avec l'horloge dynamique et le contrôle de la tension pour adapter les performances de votre matériel aux conditions de minage actuelles.
- Développez un système d'ajustement automatisé des paramètres de minage en fonction de la charge du réseau et du niveau de difficulté.
- Mettez en place des systèmes redondants pour minimiser les temps d'arrêt de votre matériel de minage et garantir une performance de minage continue.
- Envisagez l'utilisation de refroidissement liquide pour votre matériel de minage afin d'atteindre une dissipation thermique plus efficace et un potentiel d'overclocking plus élevé.
- Recherchez des fournisseurs spécialisés de matériel de minage avec des versions BIOS optimisées et des garanties pour un fonctionnement continu.
- Comparez l'efficacité de différentes alimentations en termes de rendement et de stabilité de l'alimentation pour votre matériel de minage.
- Optimisez la circulation de l'air dans votre salle de minage pour garantir un refroidissement uniforme de tous les composants et éviter les points chauds.

3. 3 Rentabilité

Le minage de crypto-monnaies promet des gains, mais comporte des défis complexes. Les coûts énergétiques, la maintenance du matériel et les aspects fiscaux influencent considérablement la rentabilité. De l'efficacité du matériel aux prix de l'électricité régionaux en passant par l'utilisation de la chaleur résiduelle, chaque facteur joue un rôle. Le calcul du rendement réel nécessite plus qu'un simple compte de profits et pertes. En plus des coûts d'exploitation, il faut également prendre en compte les revenus du capital, les amortissements et d'autres implications fiscales. Seule une vision holistique garantit des décisions d'investissement éclairées. Préparez-vous à comprendre les facteurs décisifs pour un minage de crypto-monnaies rentable et à maximiser vos chances de succès.

La rentabilité du minage de crypto-monnaies dépend non seulement des revenus et des coûts directs liés à l'électricité et au matériel, mais est également influencée par une multitude de facteurs, notamment les coûts énergétiques indirects (refroidissement, infrastructure), l'effort de maintenance (entretien, logiciels), les impôts et les conditions locales (prix de l'électricité, climat). Une analyse coûts-bénéfices globale, prenant en compte tous ces aspects, est essentielle pour une évaluation réaliste de la rentabilité.

Coûts énergétiques

Les coûts énergétiques jouent un rôle crucial dans le minage de cryptomonnaies, influencent la rentabilité et doivent donc être soigneusement examinés par les investisseurs. La consommation d'électricité pour faire fonctionner le matériel de minage, en particulier avec des mécanismes de preuve de travail comme pour Bitcoin, peut être considérable. Ces coûts dépendent de divers facteurs, notamment le prix de l'électricité dans la région, l'efficacité du matériel de minage et la difficulté du minage. Ainsi, les mineurs dans des régions à faibles prix de l'électricité, comme certaines parties de l'Amérique du Nord ou d'Asie centrale, peuvent avoir un avantage de coût par rapport aux mineurs dans des régions à coûts énergétiques élevés. [s21] L'optimisation continue du matériel pour l'efficacité énergétique est donc un aspect important pour les mineurs afin de rester compétitifs. Les nouveaux rigs de minage offrent souvent un meilleur rapport entre la puissance de calcul et la consommation d'énergie, ce qui entraîne des coûts d'exploitation plus bas. En plus des coûts directs d'électricité pour faire fonctionner le matériel de minage, il convient également de prendre en compte les coûts énergétiques indirects. Cela inclut le refroidissement du matériel, en particulier dans les climats plus chauds, ainsi que l'alimentation énergétique de l'infrastructure nécessaire au fonctionnement des fermes de minage. Dans les régions chaudes, le refroidissement peut représenter une part importante des coûts énergétiques totaux. Un refroidissement efficace est cependant essentiel pour garantir la durée de vie du matériel et éviter les pannes. Une manière innovante de réduire les coûts énergétiques du minage tout en générant un bénéfice supplémentaire est l'utilisation de la chaleur résiduelle. La chaleur générée lors du minage peut par exemple être utilisée pour chauffer des serres. Dans l'agriculture, les coûts de chauffage, en particulier pour le gaz naturel, représentent entre 10 % et 35 % des coûts totaux. [s21] En utilisant la chaleur résiduelle du matériel de minage, ces coûts peuvent être réduits tout en augmentant la productivité des serres, grâce à une possible augmentation de la surface cultivée. [s21] La rentabilitaet de cette approche dépend de facteurs tels que les coûts d'électricité pour le minage et le prix du marché de la cryptomonnaie. [s21] Dans les régions à faibles prix de l'électricité et à prix élevés de cryptomonnaies, la combinaison de minage et de chauffage de serres est particulièrement attrayante. Ainsi, les mineurs peuvent non seulement réduire leurs coûts énergétiques, mais aussi générer des revenus supplémentaires grâce à la vente des produits agricoles. Une analyse minutieuse des conditions locales, telles que les prix de l'électricité, le climat et les prix du marché des produits agricoles, est essentielle pour évaluer la viabilité économique de cette approche.

Serre [i17]

Coûts d'électricité pour le minage de Bitcoin

Comparaison des coûts d'électricité pour le minage de Bitcoin dans différentes régions.

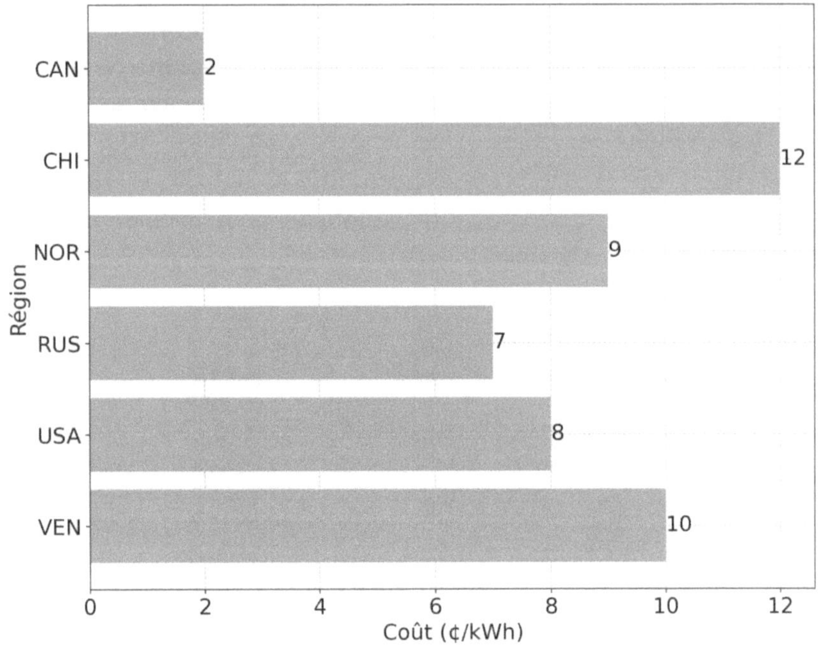

CAN: Canada

CHI: Chine

NOR: Norvège

RUS: Russie

USA: États-Unis

VEN: Venezuela

Le diagramme à barres horizontales illustre clairement des disparités significatives dans les coûts d'électricité pour le minage de Bitcoin entre les différentes régions. Les régions où les coûts sont plus faibles sont potentiellement plus rentables pour les mineurs, tandis que celles où les coûts sont plus élevés peuvent connaître une rentabilité réduite. Cela souligne l'importance de l'emplacement pour déterminer la viabilité économique des opérations de minage de Bitcoin.

Coûts de maintenance

Les coûts de maintenance dans le minage de cryptomonnaies comprennent, en plus des coûts énergétiques, d'autres facteurs qui influencent la rentabilitaet. L'entretien du matériel de minage est un processus continu. Des vérifications et des réparations régulières sont nécessaires pour maintenir les appareils en fonctionnement et minimiser les temps d'arrêt. Les pièces d'usure, comme les ventilateurs, doivent être remplacées de temps en temps. Les coûts des pièces de rechange et le temps de travail pour l'entretien doivent être pris en compte. Les mises à jour logicielles font également partie des coûts de maintenance. Le logiciel de minage et le firmware du matériel doivent être régulièrement mis à jour pour optimiser les performances et combler les failles de sécurité. Ce processus nécessite du temps et des compétences pour éviter les problèmes de compatibilité. Un plan de maintenance bien conçu, incluant des vérifications régulières, le remplacement opportun des pièces d'usure et des mises à jour logicielles, peut contribuer à prolonger la durée de vie du matériel et à maximiser l'efficacité de l'exploitation minière. De plus, les coûts de l'infrastructure qui soutient le système de minage, tels que les serveurs, les équipements réseau et les systèmes de refroidissement, peuvent également être considérés comme faisant partie des coûts de maintenance. [s22] Ces composants d'infrastructure nécessitent également un entretien et des réparations réguliers. Une infrastructure mal entretenue peut entraîner des pannes système et des pertes de données. Par conséquent, une infrastructure fiable et bien entretenue est essentielle pour un fonctionnement stable et rentable du minage. Parmi d'autres, la mise en place d'un système redondant, où des composants critiques sont doublés, peut minimiser les temps d'arrêt et augmenter la sécurité opérationnelle.

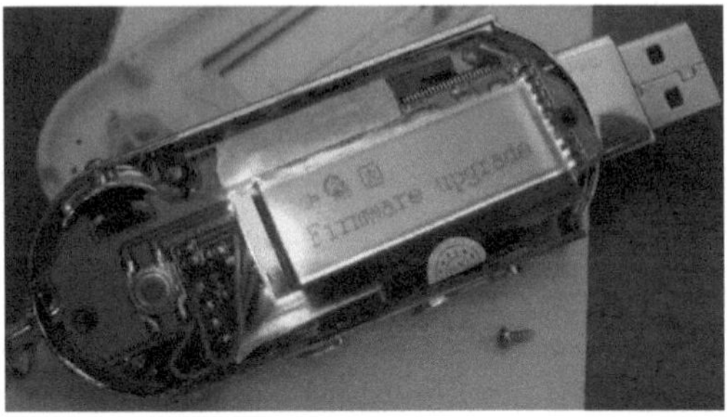

Firmware [i18]

Système de refroidissement [i19]

Périphérique réseau [i20]

Bon à savoir

Entretien

L'entretien dans le contexte du minage de cryptomonnaies fait référence à toutes les mesures prises pour maintenir le matériel de minage fonctionnel et efficace. Cela inclut des vérifications régulières, le nettoyage, les réparations et le remplacement des pièces d'usure, afin de maximiser la durée de vie des appareils et de minimiser les temps d'arrêt. Un entretien efficace contribue à la rentabilité du minage.

Infrastructure

L'infrastructure dans le contexte du minage comprend tous les systèmes et installations de soutien nécessaires au fonctionnement du matériel de minage. Cela inclut l'alimentation électrique, les connexions réseau, le refroidissement et les serveurs. Une infrastructure stable et efficace est essentielle pour un fonctionnement ininterrompu du minage et influence la rentabilité.

Redondance

La redondance en rapport avec le minage signifie que des composants système importants sont doublés pour éviter les temps d'arrêt. Si un composant tombe en panne, le composant redondant prend sa fonction. Les systèmes redondants augmentent la fiabilité et contribuent ainsi à la rentabilité en minimisant les pertes potentielles dues aux pannes.

Répartition des coûts de participation à Bitcoin

Illustre les coûts relatifs associés au trading et au minage de Bitcoin.

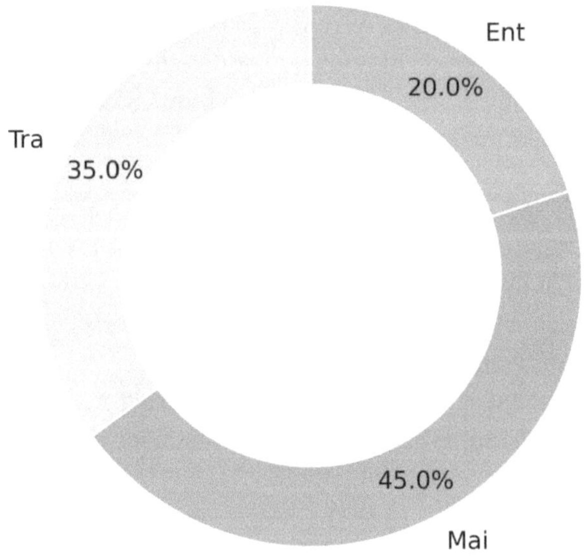

- Ent: Entretien (Matériel et Énergie)
- Mai: Maintenance (Minage et Infrastructure)
- Tra: Trading (Frais et Volatilité)

La visualisation révèle que la maintenance représente une part substantielle du coût global, suggérant des économies d'échelle potentielles pour les opérations plus importantes. Le coût du trading, bien que significatif, est inférieur à celui de la maintenance, ce qui indique que les frais et la volatilité des prix peuvent avoir un impact sur la rentabilité. Les coûts d'extraction, bien que présents, constituent une part moins importante, reflétant possiblement les ajustements de difficulté et les coûts énergétiques.

Calcul du rendement

Le calcul du rendement dans le minage de cryptomonnaies est plus complexe que la simple comparaison des revenus et des dépenses pour l'électricité et le matériel. Une image complète nécessite de prendre en compte tous les facteurs de coût ainsi que les implications fiscales. En plus des coûts d'énergie et de maintenance déjà mentionnés, les impôts influencent également la rentabilité globale. [s23] Les gains provenant du commerce de cryptomonnaies, comme le Bitcoin, doivent être imposés en tant que gains en capital. [s23] La différence entre le coût d'acquisition et le prix de vente constitue la base d'imposition. [s23] Si vous conservez vos cryptomonnaies pendant plus d'un an, les gains éventuels sont exonérés d'impôt. Bien que les monnaies numériques soient exemptées de la TVA lorsqu'elles sont utilisées comme moyen de paiement, les transactions effectuées avec elles doivent supporter la TVA. [s23] De plus, les cryptomonnaies sont soumises à l'impôt sur la fortune, droits de succession et de donation. [s23] Ces aspects fiscaux doivent être intégrés dans tout calcul de rendement afin d'obtenir un résultat réaliste. Un protocole détaillé de toutes les transactions, y compris les prix d'achat et de vente ainsi que les frais associés, est essentiel pour une déclaration fiscale correcte. Cela permet d'optimiser les avantages fiscaux potentiels et de minimiser les risques financiers. De plus, les mineurs peuvent utiliser la chaleur résiduelle de leur matériel pour chauffer, par exemple, des serres, réduisant ainsi les coûts, ce qui influence positivement la rentabilité. [s24] La rentabilité de cette méthode dépend de l'emplacement, car les économies de coûts varient par rapport aux systèmes de chauffage traditionnels. [s24] Une analyse coût-bénéfice détaillée, tenant compte des conditions locales, est donc conseillée.

Bon à savoir

Analyse coût-bénéfice

Une analyse coût-bénéfice compare les coûts du minage (par exemple, électricité, matériel) aux bénéfices (par exemple, valeur des Bitcoins minés) pour évaluer la rentabilité.

Base d'imposition

La base d'imposition pour la taxation des gains provenant des ventes de Bitcoin est la différence entre le prix d'achat et le prix de vente.

Droits de succession et de donation

Comme d'autres actifs, les cryptomonnaies sont soumises aux droits de succession et de donation lorsqu'elles sont héritées ou offertes.

Gains en capital

Les gains en capital sont des bénéfices réalisés par la vente d'investissements tels que le Bitcoin. Ils sont soumis à l'imposition, sauf si l'investissement est conservé pendant plus d'un an.

RSI du Bitcoin au fil du temps

Illustration de l'évolution du RSI du Bitcoin sur une période de 5 ans.

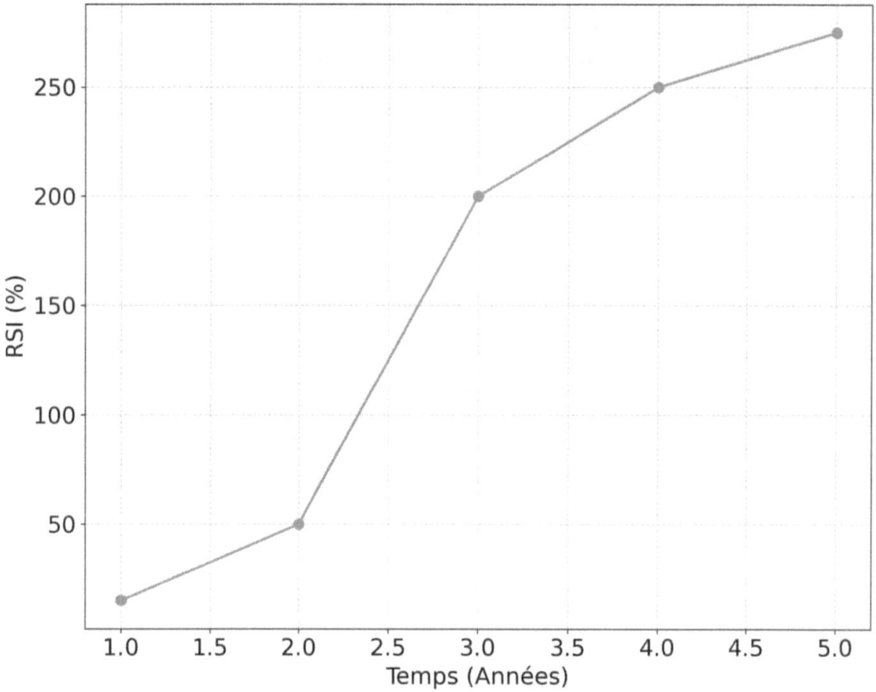

Ce graphique présente un scénario hypothétique d'investissement en Bitcoin. La période initiale montre une croissance lente, suivie d'une période d'appréciation rapide, et enfin un plateau suggérant une stabilisation du marché. Cela met en évidence le potentiel de rendements élevés, mais aussi la volatilité inhérente aux investissements en crypto-monnaie. Les performances passées ne sont pas indicatives des résultats futurs.

Conseils concrets

- Négociez un tarif individuel avec votre fournisseur d'énergie pour votre activité de minage afin de bénéficier de conditions plus avantageuses.
- Évaluez la rentabilité du cloud-mining pour réduire les coûts d'investissement en matériel et en infrastructure.
- Créez une coopérative de minage avec d'autres mineurs pour partager les coûts et tirer parti des synergies dans l'approvisionnement en matériel et en énergie.
- Spécialisez-vous dans le minage de cryptomonnaies moins connues avec une concurrence réduite et des rendements potentiellement plus élevés.
- Utilisez la chaleur résiduelle de votre matériel de minage pour sécher des produits agricoles ou pour générer de la chaleur de process pour des applications industrielles.
- Développez un modèle commercial qui combine le minage de cryptomonnaies avec d'autres services, comme l'exploitation d'un centre de données ou la fourniture d'infrastructure blockchain.
- Louez des espaces commerciaux inutilisés dans des régions à faibles coûts énergétiques pour y établir votre activité de minage.
- Investissez dans le développement de votre propre matériel de minage pour obtenir un avantage technologique sur la concurrence.
- Participez à des projets de recherche visant à développer des algorithmes et du matériel de minage plus écoénergétiques.

Révision - 3. Minage de crypto-monnaies

Le minage de crypto-monnaies peut être une opportunité fascinante et potentiellement lucrative de participer à l'écosystème crypto. Cependant, avant de plonger dans cet univers, il est essentiel de peser soigneusement les différentes méthodes de minage et les défis qui y sont associés. Le choix entre le minage en solo et l'adhésion à un pool de minage est une décision fondamentale. Le minage en solo promet la pleine récompense de bloc, mais nécessite une puissance de hachage significative et la capacité de supporter de longues périodes sans paiement. Pour la plupart des débutants et des mineurs avec une puissance de calcul limitée, un pool de minage est l'option la plus judicieuse. Ici, vous bénéficiez de paiements réguliers, bien que plus petits, ce qui rend vos revenus plus prévisibles. Lors du choix d'un pool, il convient de prendre en compte des facteurs tels que la taille, les frais et le modèle de paiement. Comparer différents pools vous aidera à trouver le compromis optimal entre la fréquence et le montant des paiements.

En plus du choix de la méthode de minage, la sélection du bon matériel est cruciale pour votre succès. Alors que les CPU et les GPU dominaient au début du minage, les ASIC se sont imposés comme l'option la plus puissante et la plus efficace. Cependant, les ASIC sont plus coûteux à l'achat et spécialisés sur un algorithme particulier, ce qui les rend moins flexibles. Les FPGA offrent une alternative avec une plus grande flexibilité, mais n'atteignent pas la puissance de hachage des ASIC. Lors de votre décision, tenez compte non seulement des coûts d'acquisition, mais aussi de la consommation d'énergie, des exigences de refroidissement et de la durée de vie potentielle du matériel. Des techniques d'optimisation telles que l'overclocking et le sous-voltage peuvent améliorer l'efficacité de votre matériel, mais doivent être appliquées avec prudence et après des recherches approfondies pour éviter d'endommager l'équipement.

Le cloud mining offre une entrée alternative dans le minage de crypto-monnaies, sans avoir à investir dans du matériel. Ici, vous louez de la puissance de calcul auprès d'un fournisseur et recevez des paiements proportionnels. Bien que cette approche soit relativement simple, elle comporte également des risques. Faites attention à la crédibilité du fournisseur, aux conditions contractuelles transparentes et aux prévisions de gains réalistes. Comparez les offres de différents fournisseurs et tenez compte de facteurs tels que les frais, la durée du contrat et la puissance de hachage proposée. Gardez également à l'esprit qu'avec le cloud mining, vous dépendez de la disponibilité et des décisions du fournisseur.

La rentabilité de votre projet de minage dépend finalement d'une multitude de facteurs que vous devez calculer soigneusement. En plus des coûts liés au matériel, à l'électricité et à l'entretien, la difficulté du minage, le cours actuel de la crypto-monnaie et les aspects fiscaux jouent également un rôle. Établissez une analyse coûts-bénéfices détaillée qui prend en compte tous les facteurs pertinents pour évaluer réalistement le rendement potentiel. Pensez également à des moyens innovants d'améliorer l'efficacité et de réduire les coûts, par exemple en utilisant la chaleur résiduelle pour chauffer des serres. Avec une stratégie réfléchie et une planification minutieuse, vous pouvez surmonter les défis du minage de crypto-monnaies et tirer parti des opportunités de ce marché dynamique.

4. Bitcoin et Ethereum

Qu'est-ce qui distingue les deux principales cryptomonnaies, qui représentent ensemble plus de 60 % de la capitalisation boursière totale ? Bitcoin a révolutionné l'économie numérique en 2009 en tant que première blockchain, tandis qu'Ethereum a créé en 2015 de tout nouveaux cas d'utilisation avec les contrats intelligents. Les bases technologiques des deux systèmes présentent à la fois des parallèles surprenants et des différences fondamentales. Leurs forces et limitations respectives façonnent encore aujourd'hui le développement de l'ensemble du marché des cryptomonnaies. Dans ce chapitre, nous analysons l'architecture et le potentiel des deux principaux protocoles blockchain - et pourquoi leur coexistence déterminera l'avenir des valeurs numériques.

4. 1 Comparaison des réseaux

Bitcoin et Ethereum, les deux principales cryptomonnaies, diffèrent fondamentalement par leur architecture et leur fonctionnement. Cette comparaison des réseaux met en lumière les aspects centraux de la vitesse des transactions, de la consommation d'énergie et de la scalabilité. Les différentes technologies influencent l'expérience utilisateur, les coûts et l'empreinte écologique. Bitcoin repose sur le Proof-of-Work, tandis qu'Ethereum s'oriente de plus en plus vers le Proof-of-Stake. Ces mécanismes de consensus différents ont des conséquences considérables pour les réseaux. Les stratégies respectives pour faire face à l'augmentation des volumes de transactions diffèrent également de manière significative. Comprenez les différences pour choisir la cryptomonnaie qui répond à vos besoins. La comparaison suivante vous fournira les connaissances nécessaires.

Lors de la comparaison des cryptomonnaies telles que Bitcoin et Ethereum, la scalabilité est un facteur décisif. En plus de la vitesse des transactions (TPS), il est également nécessaire de prendre en compte la latence du réseau, la capacité de stockage et la bande passante pour évaluer le potentiel de croissance futur.

Vitesse de transaction

La vitesse de transaction, c'est-à-dire le nombre de transactions pouvant être traitées par unité de temps, est un facteur décisif dans le choix d'une cryptomonnaie. Cette vitesse est mesurée en transactions par seconde (TPS) et influence à la fois l'expérience utilisateur et la scalabilité du réseau. Alors que les systèmes de paiement traditionnels peuvent souvent traiter des milliers de TPS, de nombreuses cryptomonnaies atteignent des valeurs nettement inférieures. [s25] Ainsi, certaines cryptomonnaies ne parviennent qu'à 30 TPS. [s25] Cette capacité limitée peut entraîner des retards et des frais plus élevés, en particulier en cas de forte utilisation du réseau. Les transferts peuvent alors prendre des heures au lieu de secondes ou de minutes, ce qui limite leur praticité au quotidien. Par conséquent, la vitesse de transaction est un critère important pour évaluer la faisabilité d'une cryptomonnaie. Une approche prometteuse pour améliorer la vitesse de transaction est l'utilisation de Graphes Acycliques Dirigés (DAG). [s25] Contrairement à la structure linéaire d'une blockchain, qui traite les transactions de manière séquentielle, les DAG permettent un traitement parallèle. [s25] Ainsi, les transactions peuvent être validées et ajoutées simultanément, ce qui augmente considérablement le débit et rend le réseau plus scalable. Avec l'augmentation du nombre de nœuds actifs dans le réseau, la vitesse de transaction d'un système basé uniquement sur des DAG augmente également. [s25] Cela signifie que plus il y a de participants, plus le traitement est rapide – un avantage clair par rapport à certaines technologies de registre distribué privées, qui subissent des pertes de performance avec l'augmentation du nombre de nœuds. [s25] La latence, c'est-à-dire le temps nécessaire pour la confirmation finale d'une transaction, dépend dans les DAG du nombre de calculs de hachage requis, déterminé par le Score de Preuve de Travail. [s25] Un score élevé peut certes augmenter la sécurité, mais aussi prolonger la latence.

Faites donc attention à la relation entre la Preuve de Travail, la latence et la vitesse de transaction lors du choix d'une cryptomonnaie basée sur des DAG. Un débit rapide avec une faible latence est idéal. Renseignez-vous donc sur les détails techniques de chaque cryptomonnaie avant d'investir, afin de trouver la solution qui correspond à vos besoins.

Bon à savoir

Score de Preuve de Travail
Une valeur qui représente l'effort (puissance de calcul) investi dans la validation des transactions dans un système de Preuve de Travail. Un score plus élevé peut accroître la sécurité, mais aussi influencer la latence.

Technologie de registre distribué
Technologies qui distribuent les données de transaction sur plusieurs ordinateurs pour accroître la sécurité et la transparence. Les registres distribués privés limitent l'accès à un groupe sélectionné de participants.

Transactions par seconde
Indique combien de transactions un réseau de cryptomonnaie peut traiter par seconde. Un taux TPS plus élevé indique un réseau plus performant, mieux adapté à une large adoption.

Comparaison de la vitesse des transactions

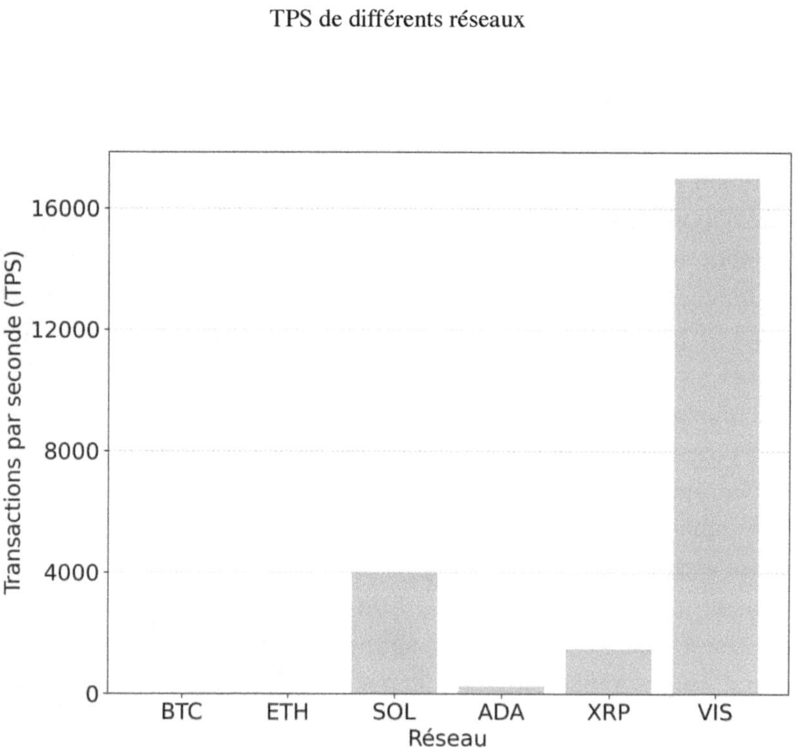

ADA: Cardano

ETH: Ethereum

VIS: Visa

BTC: Bitcoin

SOL: Solana

XRP: Ripple

Ce graphique met en évidence la disparité significative du débit des transactions entre les différents réseaux blockchain. Le système centralisé de Visa démontre un TPS élevé, reflétant sa capacité à gérer un volume important de transactions. Bien que certaines cryptomonnaies comme Solana affichent des TPS impressionnants par rapport à d'autres, elles restent inférieures aux capacités de Visa. Cette différence souligne les défis d'évolutivité auxquels sont confrontés les réseaux décentralisés et les efforts continus pour améliorer le débit des transactions en vue d'une adoption plus large.

Consommation d'énergie

Le besoin énergétique des cryptomonnaies varie considérablement et dépend principalement du mécanisme de consensus utilisé. Alors que Proof-of-Work (PoW) – comme l'utilise par exemple Bitcoin – nécessite une consommation d'énergie élevée en raison de la résolution de problèmes de calcul complexes, des méthodes alternatives comme Proof-of-Stake (PoS) sont nettement plus économes. [s26] Dans le cas du PoS, la validation des transactions n'est pas assurée par la puissance de calcul, mais par la possession et le blocage de pièces. Cette différence dans le processus de validation entraîne une consommation d'énergie considérablement inférieure dans les réseaux basés sur le PoS. Le choix d'une cryptomonnaie influence donc directement l'empreinte écologique. Une comparaison des besoins énergétiques de différentes cryptomonnaies avant un investissement peut donc aider à choisir une option plus durable.

L'efficacité énergétique de l'équipement de mining est un autre facteur important. Le matériel spécialisé, tel que les ASICs (circuits intégrés spécifiques à une application), offre une grande puissance de calcul, mais peut également entraîner une consommation d'énergie élevée. [s26] Le choix du matériel de minage doit donc être soigneusement pesé, en tenant compte du rapport entre la puissance de calcul et la consommation d'énergie. Par exemple, ceux qui optent pour des appareils plus anciens et moins efficaces contribuent à une consommation d'énergie globale plus élevée du réseau tout en réduisant leur propre rentabilité. Non seulement Bitcoin, mais aussi d'autres cryptomonnaies utilisant le PoW contribuent à la consommation d'énergie mondiale. [s26] L'examen de la consommation d'énergie doit

ASIC [i21]

donc inclure toutes les pièces et tokens minables afin d'obtenir une image complète des impacts écologiques. La capitalisation boursière d'une cryptomonnaie à elle seule n'est pas un indicateur suffisant de ses besoins énergétiques. Certaines cryptomonnaies avec une capitalisation boursière relativement faible peuvent avoir une consommation d'énergie disproportionnée en raison d'algorithmes inefficaces ou de matériel de minage obsolète. Un examen de la consommation d'énergie par transaction ou par bloc peut fournir des informations supplémentaires et améliorer la comparabilité entre différentes cryptomonnaies. Une décision d'investissement éclairée devrait prendre en compte à la fois des aspects financiers et écologiques.

Bon à savoir

ASIC

Circuits intégrés spécifiques à une application. Matériel spécialisé conçu pour le minage de certaines cryptomonnaies. Les ASICs offrent une grande puissance de calcul, mais peuvent également avoir une consommation d'énergie élevée. L'efficacité et la consommation d'énergie varient selon le modèle et la cryptomonnaie minée.

Proof-of-Stake

Un mécanisme de consensus où la validation des transactions se fait par la détention et le blocage (staking) de la cryptomonnaie respective. Comparé au Proof-of-Work, le Proof-of-Stake nécessite beaucoup moins d'énergie, car aucune puissance de calcul n'est requise pour résoudre des tâches complexes.

Proof-of-Work

Un mécanisme de consensus où les mineurs résolvent des problèmes de calcul complexes pour valider des transactions et ajouter de nouveaux blocs à la blockchain. La consommation d'énergie est plus élevée par rapport à d'autres mécanismes, car les mineurs ont besoin de beaucoup de puissance de calcul pour réussir dans la compétition.

Consommation d'énergie des réseaux cryptographiques

Comparaison de la consommation d'énergie entre différents réseaux de crypto-monnaies.

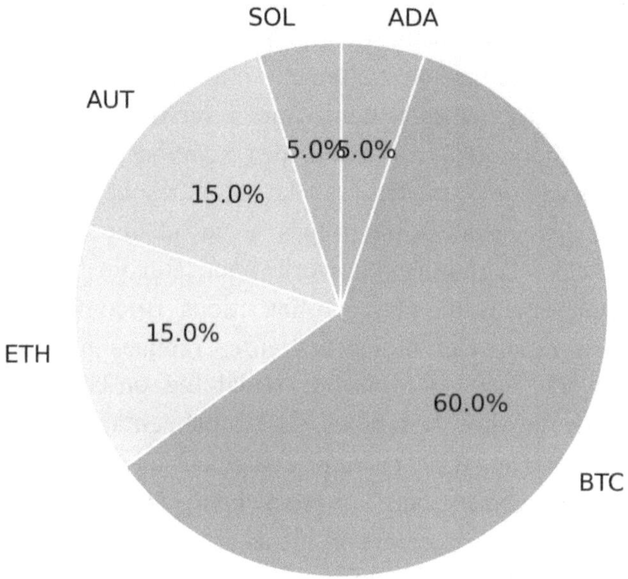

ADA: Cardano (PdE)

BTC: Bitcoin (PdT)

SOL: Solana (PdH)

AUT: Autres réseaux

ETH: Ethereum (PdE)

Le mécanisme de preuve de travail de Bitcoin consomme une part importante de l'énergie totale, soulignant la nécessité de mécanismes de consensus plus économes en énergie. Alors que les réseaux plus récents basés sur la preuve d'enjeu comme Cardano et Solana consomment beaucoup moins d'énergie, la taille globale de leurs réseaux et les volumes de transactions sont également plus faibles. Cela illustre le défi permanent de l'équilibre entre sécurité et décentralisation avec la durabilité dans l'espace des crypto-monnaies.

Scalabilité

La scalabilité décrit la capacité d'un réseau à gérer un volume de transactions croissant sans subir de pertes de performance. Un aspect important est la capacité de transaction, mesurée en transactions par seconde (tps). Un réseau avec un faible TPS peut être surchargé en cas de forte demande, ce qui entraîne des temps de traitement plus longs et des frais plus élevés. Différentes approches tentent d'améliorer la scalabilité. En plus des DAGs déjà mentionnés, il existe des solutions de couche 2 qui traitent les transactions en dehors de la blockchain principale et n'envoient que les résultats regroupés à la chaîne principale. Un exemple en est le Lightning Network pour Bitcoin. Un utilisateur effectuant régulièrement de petites transactions Bitcoin bénéficie des transactions plus rapides et moins coûteuses rendues possibles par le Lightning Network. Les solutions de scalabilité on-chain, telles que l'augmentation de la taille des blocs ou l'implémentation du protocole Segregated Witness (SegWit), peuvent également augmenter la capacité de transaction directement sur la blockchain. Outre la capacité de transaction pure, d'autres facteurs influencent la scalabilité. La latence du réseau, c'est-à-dire le temps qu'une transaction met à être confirmée dans le réseau, est cruciale pour l'expérience utilisateur. Une latence élevée peut entraîner des retards dans les paiements et d'autres applications. La capacité de stockage du réseau est également pertinente, car toutes les données de transaction doivent être stockées. Un volume de données en constante augmentation peut accroître les exigences pour les opérateurs de nœuds et compromettre la décentralisation du réseau si seuls quelques ordinateurs puissants peuvent stocker l'ensemble de la blockchain. Un autre point est la bande passante, qui décrit le taux de transfert de données dans le réseau. Une bande passante insuffisante peut entraîner des goulets d'étranglement et limiter la vitesse des transactions. Lors de l'évaluation de la scalabilité d'une cryptomonnaie, les investisseurs ne devraient pas seulement considérer la performance actuelle, mais aussi le potentiel de croissance futur. Un réseau qui se scalait bien aujourd'hui peut rencontrer des limites à l'avenir si le nombre d'utilisateurs augmente fortement. Le développement et l'implémentation de solutions de scalabilité sont donc un processus continu. Faites attention à la feuille de route du projet et aux mesures prévues pour améliorer la scalabilité lors de vos recherches. Renseignez-vous sur la communauté et les développeurs derrière le projet pour évaluer leur compétence et leur engagement dans ce domaine. Une équipe de développement active et une communauté engagée sont des indicateurs importants de la scalabilité à long terme et du succès d'une cryptomonnaie. Comparez différents projets et leurs approches de la scalabilité pour identifier la cryptomonnaie qui convient le mieux à votre stratégie d'investissement. La scalabilité est un sujet complexe avec de nombreuses facettes. Une compréhension approfondie des différents aspects vous aidera à prendre des décisions éclairées et à mieux évaluer les risques et les opportunités sur le marché des cryptomonnaies.

Comparaison de l'évolutivité du réseau

Comparaison du débit de transaction pour différents types de réseaux.

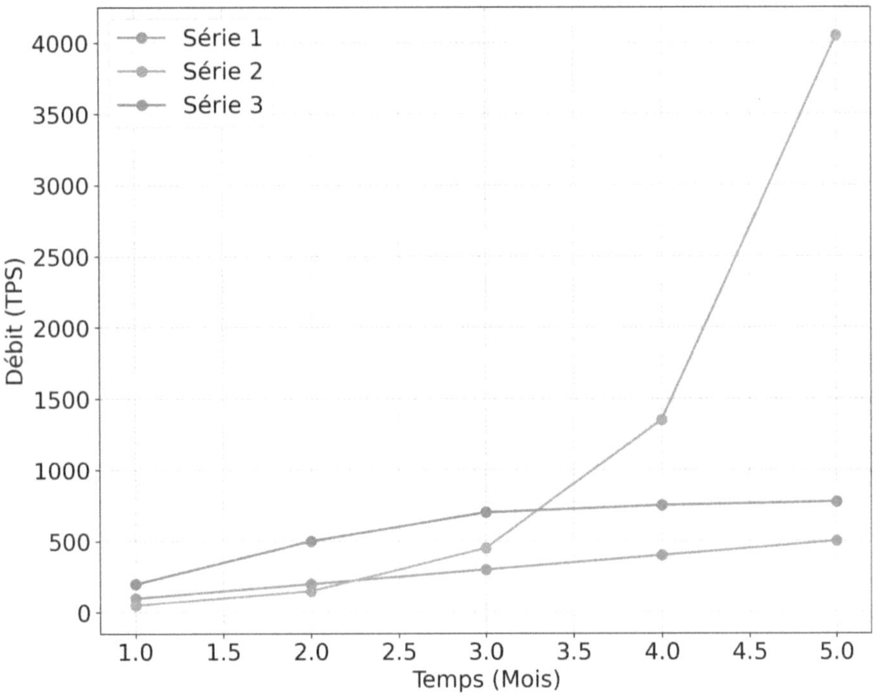

Ce graphique illustre le potentiel de croissance et d'évolutivité de différents réseaux. Le réseau A affiche une croissance linéaire constante, adaptée à une expansion régulière. Le réseau B présente une croissance exponentielle, ce qui suggère un potentiel de mise à l'échelle rapide et un débit de transaction élevé. Le réseau C montre une croissance initiale rapide qui plafonne, indiquant des limitations dans son évolutivité après un certain point.

Conseils concrets

- Comparez le temps de bloc moyen de Bitcoin et d'Ethereum et analysez comment cela influence les temps de confirmation des transactions.
- Évaluez les impacts des différentes tailles de bloc de Bitcoin et d'Ethereum sur la scalabilité des deux réseaux.
- Créez un tableau comparant les principaux paramètres réseau de Bitcoin et d'Ethereum (par exemple, frais de transaction, temps de bloc, taille de bloc).
- Analysez comment l'implémentation du sharding chez Ethereum affecte la vitesse des transactions et la scalabilité par rapport à Bitcoin.
- Comparez l'évolution des adresses actives dans les deux réseaux pour évaluer l'activité des utilisateurs et le potentiel de croissance.
- Examinez les différences dans les mécanismes de sécurité des deux réseaux et évaluez leur influence sur la vulnérabilité aux attaques.
- Observez la hashrate des deux réseaux sur une période prolongée pour juger de la stabilité et de la sécurité de chaque blockchain.
- Comparez la décentralisation des deux réseaux en fonction de la répartition des pools de minage ou des nœuds de staking.
- Analysez les différentes approches de Bitcoin et d'Ethereum pour résoudre le problème de scalabilité et évaluez leurs perspectives de succès à long terme.
- Comparez la taille de la communauté et l'activité des développeurs des deux projets pour évaluer leur capacité d'innovation et leur viabilité future.

4. 2 Domaines d'application

Bitcoin et Ethereum offrent bien plus que de simples possibilités de spéculation. Cette section met en lumière les domaines d'application pratiques des deux cryptomonnaies, des solutions de paiement de base aux applications décentralisées complexes. Les défis tels que la scalabilité, la sécurité et les obstacles réglementaires sont examinés, tout comme le potentiel d'innovation dans des domaines tels que la gestion des chaînes d'approvisionnement, l'identité numérique et les services financiers décentralisés. Découvrez la puissance transformative de Bitcoin et Ethereum et leur potentiel à changer fondamentalement les systèmes établis.

La technologie blockchain permet non seulement les cryptomonnaies, mais aussi diverses applications telles que le traitement sécurisé des paiements, les contrats automatisés et les applications décentralisées résistantes à la censure, qui augmentent la transparence et l'efficacité dans différents secteurs.

Transactions

Les cryptomonnaies offrent de nouvelles possibilités dans le domaine des paiements, qui diffèrent des systèmes traditionnels. Un aspect clé est la décentralisation. Les transactions se font directement entre les parties concernées, sans banques ni autres institutions financières comme intermédiaires [s27]. Cela permet de réduire à la fois les frais de transaction et les délais de traitement. Un autre avantage réside dans la transparence. Toutes les transactions sont enregistrées dans la blockchain, un registre public, distribué et infalsifiable. Cela augmente la traçabilité et la confiance dans le système, car tous les participants peuvent consulter l'historique des transactions [s27]. La technologie blockchain minimise également le risque de double dépense, un problème qui peut survenir avec les paiements numériques traditionnels. Grâce à l'enregistrement unique et immuable de chaque transaction dans la blockchain, il est garanti qu'une unité de monnaie numérique ne peut pas être dépensée plusieurs fois [s27]. Les monnaies numériques basées sur la technologie blockchain permettent des transactions sécurisées, transparentes et efficaces sans intermédiaires, ce qui réduit les coûts de transaction [s27]. La blockchain peut automatiser les processus de comptabilité, ce qui entraîne une augmentation supplémentaire de l'efficacité dans le domaine des paiements [s27]. Au-delà des simples transactions de paiement, les cryptomonnaies et la technologie blockchain sous-jacente offrent un potentiel pour d'autres applications dans le secteur financier. Par exemple, des programmes de fidélité peuvent être gérés via la blockchain. Cela rend la gestion des points de fidélité plus sécurisée et transparente, car chaque participant peut vérifier la validité et l'historique de ses points. Les litiges concernant les soldes de points peuvent ainsi être évités [s27]. La gestion des identités peut également être améliorée grâce à la technologie blockchain. Les utilisateurs peuvent partager leurs documents d'identité de manière sélective et sécurisée avec des parties de confiance, sans avoir besoin d'autorités centrales [s27]. Une entreprise pourrait automatiser la paie à l'aide de smart_contracts. Le paiement des salaires se fait alors automatiquement dès que certaines conditions prédéfinies sont remplies. La blockchain améliore les capacités d'audit et de reporting des organisations, ce qui augmente la qualité du service [s27]. L'utilisation de la blockchain peut améliorer l'efficacité du suivi et de la traçabilité grâce à un protocole immuable [s27]. Par exemple, un importateur de vin pourrait documenter chaque étape du transport d'une bouteille de vin, du vignoble à l'étagère, dans la blockchain. Cela permet une traçabilité complète et augmente la transparence pour le consommateur.

Bon à savoir

Délai de traitement

Le temps nécessaire pour confirmer une transaction de cryptomonnaie et l'enregistrer dans la blockchain. Ce temps peut varier en fonction de la cryptomonnaie et de la charge du réseau.

Frais de transaction

Frais associés à la réalisation de transactions avec des cryptomonnaies. Ces frais peuvent varier en fonction de la cryptomonnaie et des conditions du réseau et servent à rémunérer les mineurs qui traitent les transactions.

Gestion des identités

La gestion et le contrôle des identités numériques. La blockchain peut améliorer la sécurité et la confidentialité dans la gestion des identités en donnant aux utilisateurs le contrôle de leurs données.

Paie

Le processus de calcul et de paiement des salaires. Les contrats intelligents peuvent automatiser la paie et la rendre plus efficace.

Programmes de fidélité

Programmes qui récompensent les clients pour leur fidélité avec des primes. Les cryptomonnaies et la blockchain peuvent rendre la gestion des points de fidélité plus sécurisée et transparente.

Contrats intelligents

Les contrats intelligents (Smart Contracts) étendent les possibilités de la blockchain au-delà des simples transactions et permettent l'automatisation de processus complexes. Ils fonctionnent selon le principe "Si-Alors" : dès que les conditions préalablement définies sont remplies, le processus stipulé dans le contrat est exécuté automatiquement. Cette exécution automatisée minimise le besoin d'intermédiaires et augmente l'efficacité et la rapidité des processus. Pensez à un contrat de location : dès que le paiement du loyer est crédité sur le compte du propriétaire, le locataire reçoit automatiquement la clé numérique de l'appartement. Les contrats intelligents offrent également plus de transparence et de sécurité, car toutes les conditions contractuelles et leur exécution sont documentées et stockées de manière immuable dans la blockchain. L'architecture de tels systèmes est construite en plusieurs couches, avec des couches utilisateur, application, blockchain et communication qui interagissent pour garantir des transactions contractuelles sécurisées et efficaces. Dans le domaine de la santé, l'interopérabilité de différents réseaux blockchain pourrait être améliorée par les contrats intelligents. Par exemple, les données des patients pourraient être échangées de manière sécurisée et automatisée entre différents hôpitaux ou médecins, dès que le consentement du patient est donné. Cela réduirait non seulement la charge administrative, mais améliorerait également la qualité des soins. Un autre domaine d'application se trouve dans la logistique de la chaîne d'approvisionnement. Ici, les contrats intelligents peuvent suivre et documenter automatiquement les différentes étapes d'une livraison – de la commande à la livraison. Si un délai de livraison spécifique n'est pas respecté, une compensation pourrait être automatiquement déclenchée pour le client.

Bon à savoir

Interopérabilité

La capacité de différents systèmes ou réseaux à communiquer et à échanger des données. Dans le contexte de la blockchain, l'interopérabilité permet une interaction fluide entre différentes blockchains.

Contrats intelligents

Des contrats auto-exécutables sur la blockchain qui automatisent les transactions et d'autres accords dès que certaines conditions sont remplies. Cela permet des processus sécurisés et efficaces sans intermédiaires.

Cas d'utilisation des contrats intelligents par complexité, coût et utilisation

Visualisation de la relation entre la complexité, le coût et l'utilisation de diverses applications de contrats intelligents.

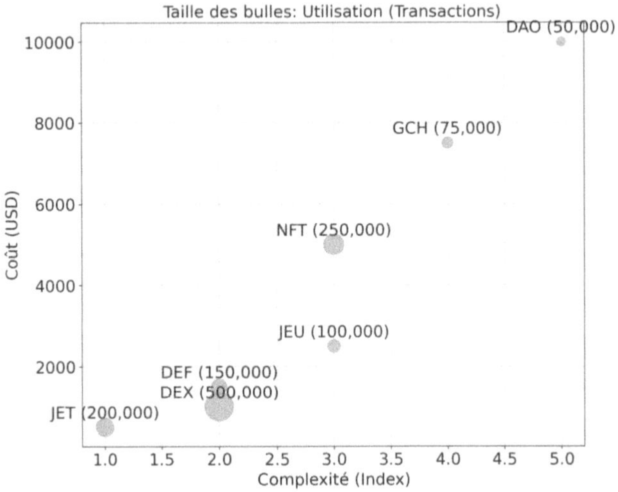

Blasengröße: Utilisation (Transactions)

DAO: Organisation autonome décentralisée
DEF: Prêt/Emprunt DeFi

DEX: Bourse décentralisée
GCH: Gestion de la chaîne d'approvisionnement

JET: Création de jetons
JEU: Jeux/Métaverse

NFT: Marché NFT

Les applications à forte utilisation comme les bourses décentralisées (DEX) et les marchés NFT ont tendance à avoir une complexité et un coût modérés. Alors que des applications plus complexes comme les organisations autonomes décentralisées (DAO) et la gestion de la chaîne d'approvisionnement ont une utilisation plus faible, probablement en raison des coûts de développement plus élevés et des barrières techniques. Les applications plus simples comme la création de jetons voient une utilisation modérée et un faible coût, ce qui suggère une accessibilité pour un public plus large.

Applications décentralisées

Les applications décentralisées (dApps) utilisent la technologie blockchain pour offrir des fonctionnalités traditionnellement fournies par des instances centrales. Contrairement aux applications conventionnelles qui fonctionnent sur des serveurs centraux, les dApps sont réparties sur un réseau décentralisé. Cette architecture présente plusieurs avantages. La résistance à la censure est un aspect important : comme il n'existe pas d'instance de contrôle central, il est difficile de fermer ou de censurer les dApps. Un blogueur pourrait ainsi utiliser une dApp pour publier son contenu sans craindre que ses articles soient supprimés par une plateforme. Un autre avantage est la sécurité accrue. Comme les données sont stockées sur de nombreux ordinateurs du réseau, le système est plus résistant aux attaques de hackers. Les attaques sur un serveur unique n'affecteraient pas la fonctionnalité de la dApp. Les dApps offrent également de la transparence, car le code et les transactions sont accessibles au public. Les utilisateurs peuvent ainsi comprendre et vérifier le fonctionnement de l'application. Les dApps ouvrent de nouvelles possibilités d'interaction avec des services numériques et offrent plus de contrôle et de sécurité aux utilisateurs. Par exemple, des marchés décentralisés pourraient émerger, permettant aux utilisateurs de commercer directement entre eux, sans intermédiaires. La blockchain sert de base pour des transactions sécurisées et transparentes. Grâce à l'architecture décentralisée et à l'utilisation de cryptomonnaies, les dApps peuvent également créer de nouveaux modèles commerciaux et des opportunités de monétisation. L'analyse des transactions dans les dApps, comme dans les jeux d'argent décentralisés, peut fournir des informations précieuses sur le comportement des utilisateurs et les mécanismes du marché.

Bon à savoir

Marchés décentralisés

Marchés en ligne basés sur la technologie blockchain qui permettent aux utilisateurs de commercer directement entre eux, sans intermédiaires. Les cryptomonnaies sont utilisées pour les paiements et la blockchain garantit la sécurité et la transparence des transactions.

Résistance à la censure

Propriété des dApps, en raison de leur nature décentralisée, de ne pas pouvoir être censurées ou fermées par des gouvernements ou des institutions. Cela permet la libre expression et la diffusion d'informations, indépendamment des instances de contrôle central.

Catégories d'applications décentralisées (DApp)

Répartition des DApps dans différents secteurs.

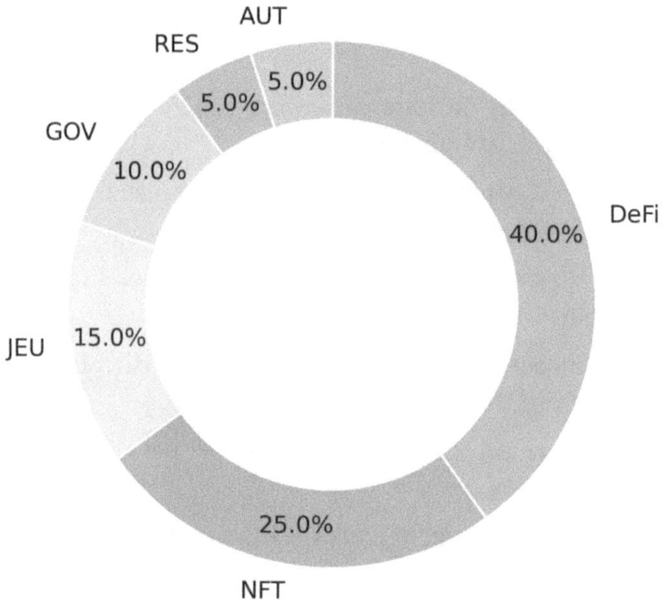

AUT: Autre

GOV: Gouvernance décentralisée

NFT: NFT et art numérique

DeFi: Finance décentralisée (DeFi)

JEU: Jeux

RES: Réseaux sociaux et contenu

Le plus grand segment de l'écosystème DApp est dominé par les applications DeFi, soulignant l'intérêt important pour la finance décentralisée. Les NFT et les jeux représentent une part substantielle, démontrant la popularité croissante de la propriété numérique et des expériences interactives basées sur la blockchain. Alors que d'autres catégories comme la gouvernance décentralisée et les médias sociaux détiennent une part plus petite, elles indiquent une exploration et un développement continus dans ces domaines, suggérant une croissance future potentielle.

Conseils concrets

- Utilisez Bitcoin pour acheter des biens à l'international et économisez ainsi sur les frais de change.
- Acceptez Ethereum comme moyen de paiement dans votre boutique en ligne et ouvrez-vous à de nouveaux groupes de clients.
- Ouvrez un compte d'épargne Bitcoin et profitez de l'évolution de sa valeur.
- Déposez une partie de votre patrimoine Ethereum en garantie pour un prêt et utilisez la liquidité.
- Développez un système de pourboire décentralisé basé sur Ethereum pour votre site web ou votre communauté.
- Créez une coopérative qui investit dans les énergies renouvelables avec Bitcoin.
- Organisez un cercle d'échange local qui utilise Bitcoin comme monnaie interne.
- Développez une dApp sur Ethereum qui permet l'échange de produits régionaux.
- Utilisez des contrats intelligents sur Ethereum pour organiser des collectes de fonds automatisées pour des œuvres caritatives.
- Créez un système d'évaluation décentralisé pour les services basé sur Ethereum.
- Soutenez les artistes locaux en vendant leurs œuvres sous forme de NFTs sur Ethereum.
- Développez un système basé sur Ethereum pour la location de ressources inutilisées telles que des outils ou des véhicules.

4. 3 Potentiel de développement

Bitcoin et Ethereum, les principales cryptomonnaies, sont au cœur d'un développement constant. Les mises à jour du réseau, les modifications de protocole et les améliorations techniques influencent la scalabilité, la sécurité et la fonctionnalité – des facteurs décisifs pour leur utilisabilité et leur acceptation futures. En même temps, ces développements posent des défis, tels que l'assurance de la compatibilité descendante ou l'adaptation aux exigences réglementaires. Comprenez les moteurs et les obstacles de l'innovation pour saisir pleinement le potentiel de ces cryptomonnaies.

Le potentiel de développement d'une cryptomonnaie dépend fortement de l'évolution active et transparente de sa technologie, de sa gouvernance et de sa capacité d'adaptation réglementaire.

Améliorations techniques

Les améliorations techniques dans le domaine des cryptomonnaies influencent les transactions, la sécurité et les possibilités d'application. La technologie sous-jacente de la blockchaintechnologie offre un registre transparent et immuable, ce qui peut améliorer la communication financière [s28]. Cela crée des enregistrements inviolables des transactions, rendant les processus d'audit plus efficaces et précis. Au lieu de chercher et de vérifier laborieusement des justificatifs, les auditeurs pourraient accéder directement à l'historique complet des transactions dans la blockchain. Un autre aspect est l'automatisation grâce aux smart_contracts. Ces contrats auto-exécutables permettent des processus d'audit automatisés, économisant ainsi du temps et des ressources [s28]. Par exemple, un contrat intelligent pourrait déclencher automatiquement des paiements dès que certaines conditions sont remplies, tout en documentant la transaction dans le registre immuable. Cela réduit le travail manuel et minimise le risque d'erreur. Grâce à la nature décentralisée de la technologie blockchain, de nouveaux modèles commerciaux peuvent émerger, fonctionnant sans intermédiaires tels que les banques ou les prestataires de services de paiement [s28]. Cela permet des interactions plus directes entre les participants du marché et peut entraîner des économies de coûts. Pensez aux transferts internationaux, qui pourraient être traités beaucoup plus rapidement et à moindre coût grâce à la technologie blockchain par rapport aux voies bancaires traditionnelles. Malgré ce potentiel, il existe également des obstacles techniques. La skalierbarkeit, c'est-à-dire la capacité à traiter un nombre croissant de transactions, et l'interoperabilitaet, la compatibilité entre différents systèmes blockchain, sont cruciales pour l'adoption généralisée en comptabilité et en audit [s28]. Si un système ne peut pas suivre le volume croissant des transactions ou n'est pas compatible avec d'autres systèmes, son utilité sera limitée. Le développement de normes comptables appropriées pour les

monnaies numériques est également important pour garantir la transparence et la précision dans la communication financière [s28]. Pour comparer : tout comme pour les actifs traditionnels, des règles claires doivent être établies pour l'évaluation et la comptabilisation des cryptomonnaies afin d'assurer une image cohérente et fiable de la situation financière. Les développements futurs devraient donc se concentrer sur les aspects réglementaires et de gouvernance ainsi que sur les risques associés [s28]. Parmi ces risques figurent notamment les vulnérabilités de sécurité dans les contrats intelligents ou la susceptibilité aux cyberattaques. L'évolution continue de la technologie et l'adaptation des cadres réglementaires sont essentielles pour exploiter pleinement le potentiel des cryptomonnaies et de la blockchain dans le secteur financier.

Prix et taux de hachage hypothétiques du Bitcoin

Illustre la corrélation entre le prix du Bitcoin et le taux de hachage du réseau.

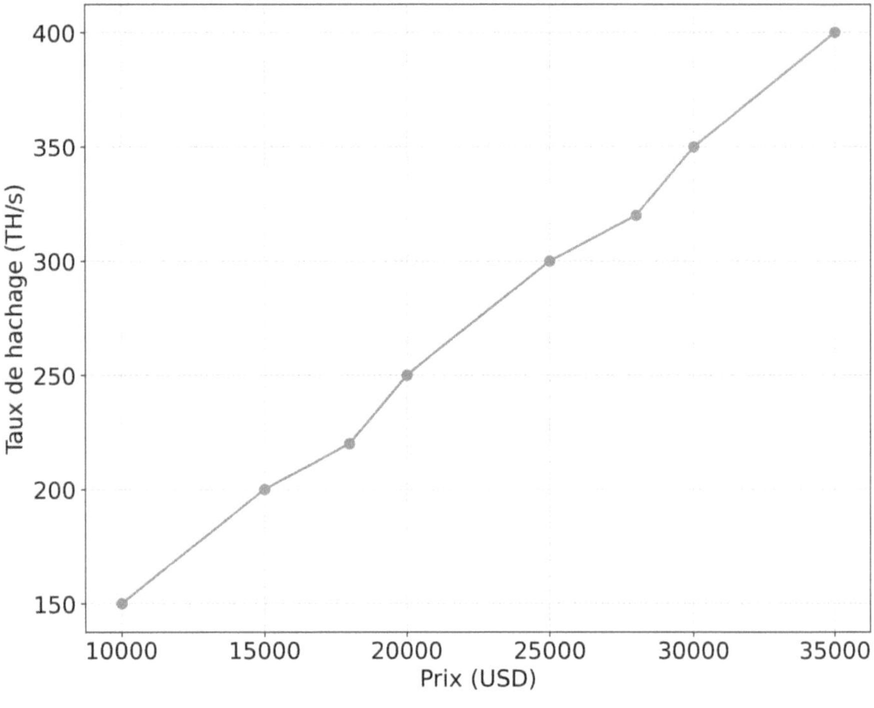

Le graphique montre une corrélation positive, suggérant qu'à mesure que le prix du Bitcoin augmente, le taux de hachage du réseau augmente également, ce qui indique une participation accrue des mineurs et une sécurité accrue du réseau. À l'inverse, les baisses de prix peuvent entraîner une baisse des taux de hachage, car certains mineurs deviennent moins rentables.

Mises à jour du réseau

Les mises à jour du réseau constituent l'épine dorsale du développement des cryptomonnaies et sont essentielles à leur succès à long terme. Elles visent à améliorer divers aspects, de la sécurité et de l'efficacité à l'introduction de nouvelles fonctionnalités. Ces modifications sont souvent mises en œuvre par un processus de gouvernance décentralisé, où la communauté des détenteurs de tokens vote sur les mises à jour proposées. Un point important concernant les mises à jour du réseau est la compatibilité descendante. Cela garantit que les anciennes versions du logiciel peuvent toujours interagir avec la blockchain mise à jour, assurant ainsi une transition en douceur. En l'absence de cette compatibilité, il peut y avoir une scission de la blockchain, appelée fork, où deux versions distinctes de la blockchain existent en parallèle. L'observation de l'humeur et de l'activité de la communauté des développeurs peut fournir des informations précieuses sur le développement futur d'une cryptomonnaie. Une communauté de développeurs active et positive signale souvent un développement sain et peut indiquer des innovations futures. À l'inverse, une communauté de développeurs stagnante ou négative peut signaler des problèmes potentiels ou un manque de progrès. Cela souligne l'importance d'analyser la dynamique au sein de la communauté des développeurs pour mieux évaluer le potentiel d'une cryptomonnaie. Grâce à des mises à jour régulières du réseau, les cryptomonnaies peuvent non seulement rester à la pointe de la technologie, mais aussi répondre aux besoins changeants des utilisateurs, consolidant ainsi leur position sur le marché. Un exemple en est l'intégration du réseau Lightning dans Bitcoin, qui augmente considérablement la vitesse des transactions et réduit les frais de transaction, sans compromettre la sécurité du réseau. Ce type de développement est crucial pour améliorer la skalierbarkeit des cryptomonnaies et les rendre plus pratiques pour un usage quotidien.

Un investisseur attentif devrait donc suivre de près les mises à jour du réseau prévues et réalisées d'une cryptomonnaie afin de mieux évaluer son potentiel et son développement futur.

Bon à savoir

Compatibilité descendante

Dans le contexte des cryptomonnaies, la compatibilité descendante garantit qu'après des mises à jour logicielles, les anciennes versions du logiciel continuent de fonctionner avec la nouvelle version de la blockchain. Cela évite les perturbations et permet une transition en douceur pour tous les utilisateurs.

Détenteurs de tokens

Les détenteurs de tokens sont des personnes qui possèdent des unités d'une cryptomonnaie spécifique. Ils ont souvent des droits de vote sur les décisions concernant le développement futur de la cryptomonnaie, comme les mises à jour du réseau.

Réseau Lightning

Le réseau Lightning est une solution de paiement de deuxième couche qui s'appuie sur la blockchain Bitcoin. Il permet des transactions plus rapides et moins coûteuses en traitant les transactions en dehors de la blockchain principale et en mettant à jour périodiquement le solde sur la blockchain. Cela contribue à la scalabilité de Bitcoin.

Mises à jour du réseau et Potentiel de Bitcoin

Impact des mises à jour du réseau sur l'évolutivité et l'adoption de Bitcoin

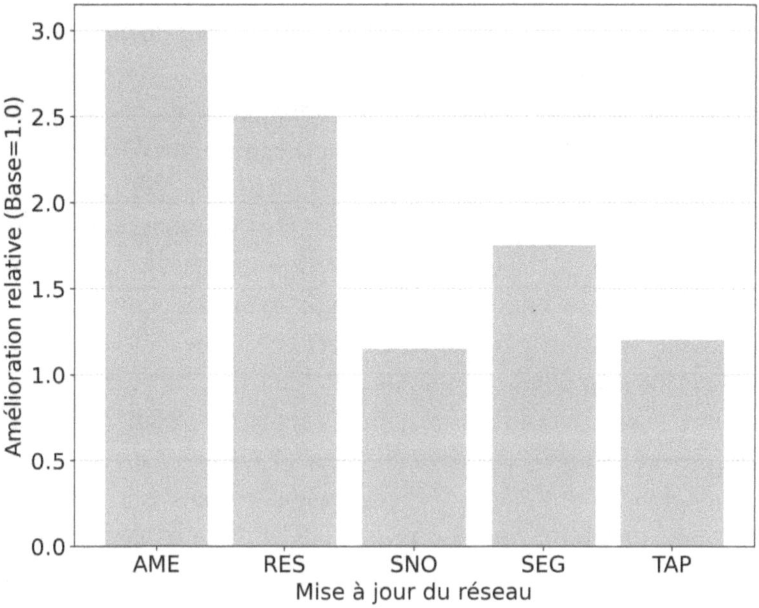

AME: Améliorations Potentielles Futures

RES: Réseau Lightning (Lancement Mainnet 2018)

SEG: SegWit (août 2017)

SNO: Signatures Schnorr (Partie Taproot)

TAP: Taproot (novembre 2021)

Le graphique met en évidence une corrélation positive significative entre les mises à jour du réseau et le potentiel de Bitcoin. Des mises à jour clés telles que SegWit et Taproot ont sensiblement amélioré le débit et l'efficacité des transactions, ouvrant la voie à une adoption plus large. Alors que certaines mises à jour ont montré un impact plus progressif, la tendance générale indique une amélioration continue et un potentiel de croissance pour le réseau Bitcoin.

Modifications du protocole

Les modifications du protocole dans les cryptomonnaies sont des ajustements du logiciel sous-jacent qui modifient le fonctionnement du réseau. Ces modifications peuvent viser divers objectifs, tels que l'amélioration de la skalierbarkeit, de la sécurité ou l'implémentation de nouvelles fonctionnalités. Les changements de protocole se font généralement par un mécanisme de consensus qui nécessite l'accord des participants au réseau. [s29] Un exemple est l'introduction de SegWit (Segregated Witness) dans le protocole Bitcoin. En déplaçant les données de signature des transactions, de la place a été créée pour plus de transactions par bloc, ce qui a augmenté la capacité de transaction du réseau. Un investisseur qui analyse le potentiel d'une cryptomonnaie devrait examiner attentivement l'historique et le processus des modifications du protocole. Une approche transparente et bien documentée pour la mise en œuvre des modifications du protocole peut indiquer un développement stable et orienté vers l'avenir. Des changements fréquents, non coordonnés ou controversés peuvent, en revanche, indiquer une instabilité ou des problèmes de gouvernance au sein du projet. Les modifications du protocole peuvent également avoir des impacts sur la rétrocompatibilité. Les anciennes versions du logiciel peuvent ne plus être compatibles avec la blockchain mise à jour. Cela peut conduire à ce qu'on appelle un hard fork, où la blockchain se divise et deux réseaux séparés avec des protocoles différents émergent. Un exemple de considérations réglementaires dans le contexte des modifications du protocole est le débat sur les fonctionnalités de confidentialité. Certaines modifications de protocole proposées visent à accroître la vie privée des utilisateurs, ce qui peut cependant entrer en conflit avec les exigences réglementaires de lutte contre le blanchiment d'argent. [s29] La prise en compte de tels aspects réglementaires est donc essentielle pour l'acceptation à long terme et le succès d'une cryptomonnaie. Un autre point est la prise en compte des impacts des modifications du protocole sur la sécurité du réseau. Bien que les changements visent souvent à améliorer la sécurité, ils peuvent également créer des vulnérabilités imprévues. Un examen approfondi et une phase de test avant la mise en œuvre sont donc essentiels. Pour les investisseurs, il est conseillé de se renseigner sur les modifications de protocole prévues et d'analyser leurs impacts potentiels sur divers aspects de la cryptomonnaie, tels que la scalabilité, la sécurité, la fonctionnalité et la conformité réglementaire. Ces informations peuvent fournir des indications précieuses sur le développement futur et le potentiel de la cryptomonnaie.

Blanchiment d'argent [i22]

Bon à savoir

Blanchiment d'argent

Le processus par lequel des fonds illégaux sont intégrés dans le système financier de manière à apparaître légitimes.

Rétrocompatibilité

La capacité des logiciels ou systèmes plus récents à interagir avec des versions antérieures. Dans le cas des cryptomonnaies, cela signifie que les anciennes versions du logiciel peuvent continuer à fonctionner avec une blockchain mise à jour.

Impact des modifications du protocole sur Bitcoin

Visualisation de l'impact potentiel des modifications du protocole Bitcoin en fonction de leur portée et de leurs avantages potentiels.

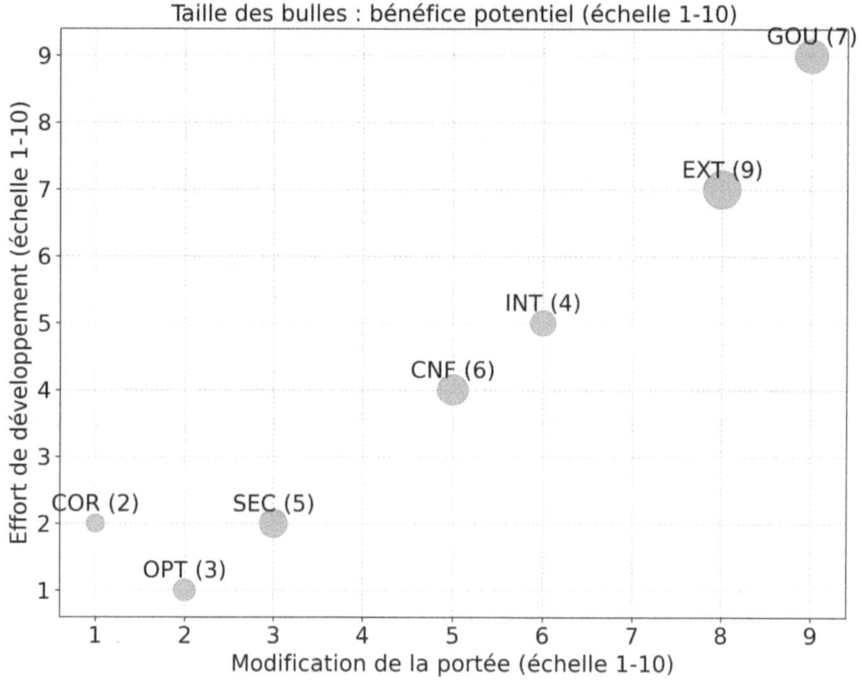

Blasengröße: Bénéfice potentiel (Échelle 1-10)

CNF: Amélioration de la confidentialité	COR: Correction de bogue
EXT: Mise à niveau de l'évolutivité	GOU: Changement de gouvernance
INT: Intégration de contrats intelligents	OPT: Optimisation mineure
SEC: Amélioration de la sécurité	

Des bulles plus grandes indiquent des avantages potentiels plus importants. Les changements de portée plus large ont tendance à offrir également des avantages potentiels plus importants, mais comportent également des risques plus élevés. Certaines modifications de portée plus petite peuvent offrir des avantages significatifs avec une complexité de mise en œuvre potentiellement plus faible.

Conseils concrets

- Suivez l'évolution des organisations autonomes décentralisées (DAO) et examinez comment elles pourraient influencer la gouvernance de Bitcoin et Ethereum.
- Développez un concept pour une application décentralisée (dApp) qui combine les forces de Bitcoin et Ethereum, par exemple pour des micropaiements avec Bitcoin via le réseau Ethereum.
- Analysez les impacts des solutions de couche 2 telles que le réseau Lightning pour Bitcoin et les Rollups pour Ethereum sur leur interopérabilité.
- Recherchez les possibilités des ponts inter-chaînes et évaluez leur potentiel pour l'échange de valeur et de données entre Bitcoin et Ethereum.
- Réfléchissez à la manière dont la diffusion croissante des stablecoins pourrait affecter le rôle de Bitcoin et Ethereum en tant que réserve de valeur.
- Développez un outil qui compare et visualise l'efficacité énergétique des différents algorithmes de minage pour Bitcoin et Ethereum.
- Observez l'évolution des mécanismes de consensus alternatifs au Proof-of-Work et au Proof-of-Stake et évaluez leur adéquation pour Bitcoin et Ethereum.
- Recherchez les possibilités des preuves à divulgation nulle de connaissance et leur potentiel d'application pour améliorer la confidentialité et la scalabilité de Bitcoin et Ethereum.

Révision - 4. Bitcoin et Ethereum

Bitcoin et Ethereum, les deux cryptomonnaies les plus en vue, diffèrent fondamentalement par leur architecture et leurs cas d'utilisation. Bitcoin, conçu comme un moyen de paiement numérique, brille par sa position établie et sa structure décentralisée, mais lutte avec des problèmes de scalabilité, se traduisant par des vitesses de transaction lentes et parfois des frais élevés. Ethereum, en revanche, développé comme une plateforme pour les contrats intelligents et les applications décentralisées (dApps), offre un éventail d'applications beaucoup plus large. Le passage au Proof-of-Stake réduit considérablement la consommation d'énergie par rapport au mécanisme de Proof-of-Work de Bitcoin, mais pose en même temps de nouveaux défis en matière de sécurité du réseau. Ces différences fondamentales doivent absolument être prises en compte dans votre décision d'investissement.

Concrètement, cela signifie pour vous : si vous êtes principalement intéressé par un actif numérique préservant la valeur et que vous tolérez la volatilité du marché des cryptomonnaies, Bitcoin pourrait être un choix approprié. Faites attention au développement de solutions de couche 2 comme le Lightning Network, qui s'attaquent aux problèmes de scalabilité de Bitcoin et améliorent son utilisation au quotidien. Pour des transactions plus petites et régulières, le Lightning Network est déjà une option attrayante. Cependant, si vous souhaitez explorer le potentiel des applications basées sur la blockchain et des services financiers décentralisés (DeFi), Ethereum, avec son écosystème florissant de dApps et de contrats intelligents, offre une alternative passionnante. Suivez les développements en cours et les mises à niveau du réseau qui visent à optimiser davantage la scalabilité et l'efficacité du réseau Ethereum.

L'évaluation de la consommation d'énergie est un autre facteur important. Alors que Bitcoin a un besoin énergétique élevé en raison de son mécanisme de Proof-of-Work, Ethereum, après son passage au Proof-of-Stake, se présente comme une option nettement plus respectueuse de l'environnement. Prenez en compte cet aspect dans votre stratégie de durabilité personnelle. Renseignez-vous sur la consommation d'énergie par transaction et l'empreinte écologique de chaque cryptomonnaie. Le choix de l'équipement de minage joue également un rôle. Investissez dans du matériel moderne et économe en énergie pour promouvoir à la fois votre rentabilité et la durabilité du réseau.

S'engager avec les aspects techniques, tels que la scalabilité, les mises à jour du réseau et les modifications de protocole, est essentiel pour des décisions d'investissement éclairées. Suivez les feuilles de route des projets, analysez l'activité de la communauté des développeurs et tenez compte des évolutions réglementaires. La dynamique du marché des cryptomonnaies exige une formation continue et une adaptation de votre stratégie. Soyez prêt à ajuster votre portefeuille en fonction des avancées technologiques et des conditions du marché. Le monde des cryptomonnaies offre d'immenses opportunités, mais comporte également des risques. Avec une stratégie bien pensée et une volonté d'apprendre en continu, vous pouvez tirer parti de ces opportunités et atteindre vos objectifs financiers.

5. Constitution de patrimoine

Qui ne rêve pas de bâtir une fortune grâce à des investissements judicieux ? La révolution numérique des marchés financiers ouvre des possibilités totalement nouvelles, mais comporte également des risques considérables. Alors que les formes d'investissement traditionnelles promettent souvent des rendements modérés, le marché des cryptomonnaies attire avec des opportunités de gains spectaculaires. La gestion professionnelle des actifs numériques nécessite cependant des connaissances approfondies et une stratégie réfléchie. Dans ce chapitre, vous découvrirez comment exploiter systématiquement le potentiel énorme des cryptomonnaies pour votre constitution de patrimoine personnel.

5. 1 Évaluation des risques

Les cryptomonnaies offrent de grandes opportunités de profit, mais comportent également des risques considérables en raison de leur volatilité et de l'environnement de marché dynamique. Les fluctuations du marché, les incertitudes réglementaires et les défis techniques influencent les décisions d'investissement et peuvent entraîner des pertes significatives. Une évaluation détaillée des risques avant chaque investissement est donc essentielle. En plus des facteurs macroéconomiques connus et de la volatilité du marché des cryptomonnaies, les risques techniques et opérationnels jouent également un rôle décisif. Les erreurs logicielles, les failles de sécurité et la scalabilité des blockchains ne sont que quelques exemples de dangers potentiels. Les interventions réglementaires et leurs impacts sur les modèles de risque doivent également être pris en compte. Seule une compréhension des divers facteurs de risque sur le marché des cryptomonnaies permet de prendre des décisions d'investissement éclairées et de constituer un patrimoine à long terme. Poursuivez votre lecture pour apprendre les outils et stratégies nécessaires à une gestion efficace des risques.

Sur le marché volatile des cryptomonnaies, une évaluation complète des risques, qui prend en compte non seulement des modèles quantitatifs mais aussi des facteurs qualitatifs tels que les incertitudes réglementaires et les risques techniques, est essentielle pour des décisions d'investissement éclairées.

Fluctuations du marché

Les cryptomonnaies sont marquées par de fortes variations de prix. Cette volatilité influence les décisions d'investissement et nécessite une gestion des risques adaptée. Ainsi, des indicateurs économiques volatils tels que l'inflation et la hausse des taux d'intérêt peuvent avoir un impact négatif sur les rendements des cryptomonnaies. [s30] Les investisseurs doivent donc effectuer des analyses de risque approfondies, en particulier pour les entreprises financièrement fragiles. [s30] La volatilité peut entraîner des changements de valeur significatifs en peu de temps, ce qui rend une évaluation des risques détaillée essentielle avant toute décision d'investissement. [s30] L'environnement réglementaire du pays de l'investisseur influence également les risques. [s30] Une grande incertitude en matière de politique économique réduit la confiance et conduit à des investissements et des rendements plus faibles. [s30] L'inflation et la hausse des taux d'intérêt renforcent cet effet. [s30] Bien que la volatilité soit influencée par des facteurs macroéconomiques et puisse servir de couverture contre l'incertitude économique, les cryptomonnaies ne fonctionnent pas toujours comme un refuge sûr. [s30] En plus des influences macroéconomiques, la volatilité est une caractéristique inhérente au marché des cryptomonnaies. [s31] Ce dernier offre des opportunités d'investissement, mais présente des risques plus élevés par rapport à d'autres classes d'actifs. [s31] Toutes les cryptomonnaies affichent des mouvements de prix volatils, même les plus stables. [s31] De fortes corrélations positives Korrelationen existent au sein du marché, en particulier entre les principales cryptomonnaies. [s31] Ainsi, les investissements dans des cryptomonnaies individuelles ainsi que dans des portefeuilles présentent des risques de perte extrêmes. [s31] Des méthodes telles que la théorie des valeurs extrêmes en combinaison avec des modèles GARCH permettent une évaluation complète des risques. [s31] Les analyses montrent que toutes les cryptomonnaies sont exposées à des pertes potentielles élevées. [s31] Cela souligne la nécessité d'exigences de capital élevées pour les institutions financières.

Il est intéressant de noter que certaines plateformes peuvent utiliser stratégiquement les fluctuations du marché pour améliorer leur liquidité. [s32] Cela indique des compétences en gestion des risques. [s32] Les avoirs en monnaies numériques peuvent augmenter la liquidité, en particulier pour les plateformes qui gèrent efficacement la volatilité. [s32] Ainsi, les entreprises peuvent générer de la liquidité plus rapidement avec des monnaies numériques qu'avec des investissements traditionnels. [s32] La capacité à maintenir la liquidité pendant des périodes de forte volatilité offre un avantage concurrentiel. [s32] Cette compréhension est particulièrement pertinente pour les investisseurs qui souhaitent percevoir la volatilité non seulement comme un risque, mais aussi comme une opportunité. Une stratégie diversifiée, qui prend en compte différentes classes d'actifs et profils de risque, est donc conseillée.

Bon à savoir

Corrélation

Lien statistique entre l'évolution des prix de différentes cryptomonnaies. Une forte corrélation positive signifie que les prix évoluent de manière similaire.

Impact de la volatilité du marché

Impact et volatilité des fluctuations du marché des crypto-monnaies au fil du temps.

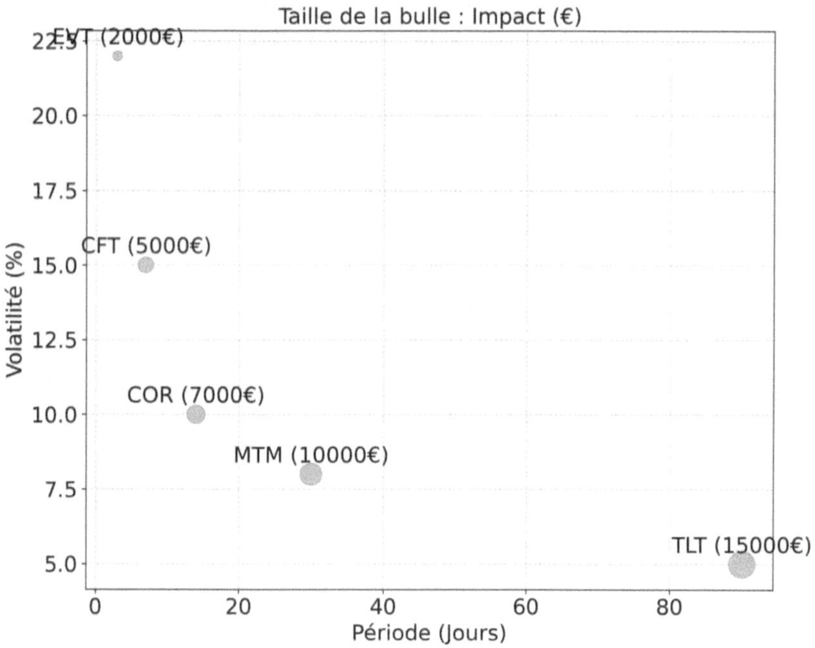

Blasengröße: Impact (€)

CFT: Fluctuation à court terme

COR: Phase de correction

EVT: Événement extrême

MTM: Mouvement à moyen terme

TLT: Tendance à long terme

Le graphique révèle une corrélation entre la volatilité et l'impact. Les périodes de forte volatilité ont tendance à avoir un impact plus important, à la fois positif et négatif. Les fluctuations à court terme montrent souvent une forte volatilité mais un impact global plus faible, tandis que les tendances à long terme présentent une volatilité plus faible mais un impact potentiellement important.

Risques réglementaires

Les risques réglementaires constituent un facteur décisif pour les investissements en crypto. La classification des monnaies numériques par les autorités publiques influence leur statut juridique et, par conséquent, les possibilités pour les investisseurs. [s33] Ainsi, la qualification en tant que valeur mobilière, marchandise ou monnaie peut avoir des conséquences fiscales et réglementaires différentes. L'incertitude concernant la réglementation future complique l'évaluation des risques et peut entraîner des coûts ou des restrictions inattendus. La réaction des institutions financières face aux cryptomonnaies souligne cette problématique. [s33] Leur crainte de perdre leur rôle traditionnel d'intermédiaires financiers peut favoriser d'autres interventions réglementaires. Les investisseurs devraient donc surveiller de près le paysage réglementaire dans les juridictions pertinentes et adapter leurs stratégies de manière flexible. Une diversifizierung à travers différentes classes d'actifs et pays peut aider à minimiser les risques réglementaires. En plus de la classification, les mesures réglementaires influencent également la précision des modèles de risque. [s34] Les exigences de capital imposées par les autorités de régulation pour les institutions financières investissant dans les cryptomonnaies reposent sur de tels modèles. Un exemple en est le calcul de la Value-at-Risk (VaR), qui quantifie les pertes potentielles. Le choix du modèle approprié et de ses paramètres influence le montant des exigences de capital et, par conséquent, la rentabilité de l'investissement. Il est donc essentiel de valider et de vérifier en permanence les modèles utilisés.

[s34] Les modèles basés sur les quantiles, qui ne font pas d'hypothèses spécifiques sur la distribution des rendements, peuvent améliorer la précision de l'évaluation des risques et réduire le risque de mauvaises interprétations. [s34] Grâce à l'agrégation de différents modèles de VaR, la fiabilité de l'évaluation des risques peut être encore augmentée. Cela est particulièrement

pertinent sur le marché volatile des cryptomonnaies, afin d'éviter des pertes inattendues. Les investisseurs doivent être conscients des limitations des modèles de risque et ne pas fonder leurs décisions uniquement sur leurs résultats. [s35] La prise en compte de facteurs supplémentaires, tels que l'incertitude dans l'environnement réglementaire, est essentielle pour une décision d'investissement éclairée. Par exemple, la combinaison de modèles quantitatifs avec des analyses qualitatives des développements réglementaires peut fournir une image plus complète des risques réels.

Comparaison des risques réglementaires

Réglementation des cryptomonnaies par pays

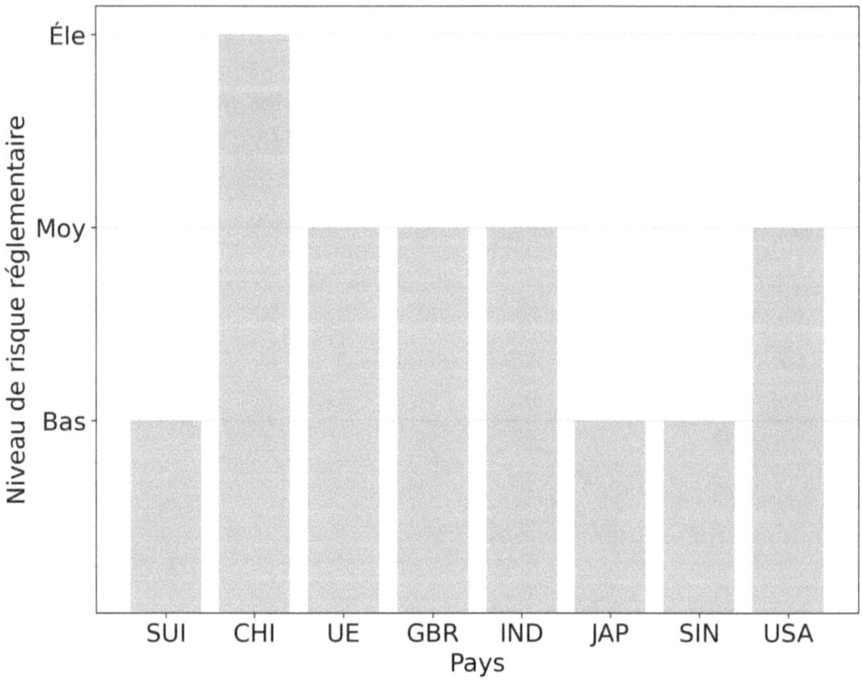

CHI: Chine

GBR: Royaume-Uni

IND: Inde

JAP: Japon

SIN: Singapour

SUI: Suisse

UE: Union européenne

USA: États-Unis

Ce graphique met en évidence les différents niveaux de risque réglementaire associés aux cryptomonnaies dans différentes juridictions. Des scores plus élevés indiquent un environnement réglementaire plus restrictif ou incertain, ce qui peut avoir un impact sur le trading, l'investissement et l'innovation dans l'espace crypto. Les pays ayant des scores plus faibles offrent généralement un cadre réglementaire plus permissif ou clairement défini. Cette comparaison souligne l'importance de prendre en compte les paysages réglementaires lorsqu'on s'engage dans les cryptomonnaies.

Risques techniques

Les risques techniques sur le marché des cryptomonnaies concernent la technologie sous-jacente et sa vulnérabilité aux perturbations ou aux manipulations. Cela inclut des erreurs logicielles dans les protocoles de blockchain, pouvant entraîner des failles de sécurité et la perte d'actifs. L'attaque à 51%, où une seule entité contrôle la majorité de la puissance de calcul du réseau et peut manipuler les transactions, représente un risque sérieux [s36]. De plus, des pannes matérielles dans les dispositifs de minage ou dans les centres de données qui gèrent la blockchain peuvent entraîner des interruptions dans le réseau. Un autre aspect est la skalierbarkeit des blockchains. Avec l'augmentation du nombre de transactions, certains réseaux peuvent atteindre leurs limites, entraînant des retards et des frais de transaction plus élevés. Les investisseurs doivent examiner attentivement les bases techniques de chaque cryptomonnaie et ses mécanismes de sécurité. La diversification à travers différentes blockchains peut réduire le risque de problèmes techniques sur une seule plateforme. L'évolution continue de la technologie nécessite également une surveillance constante et un ajustement de sa stratégie d'investissement. La dépendance à l'infrastructure externe, comme les connexions Internet ou l'alimentation électrique, joue également un rôle et peut entraîner des perturbations dans le commerce et la gestion des cryptomonnaies en cas de pannes. Enfin, il convient de prendre en compte le risque des ordinateurs quantiques, qui pourraient à l'avenir compromettre les

méthodes cryptographiques sous-jacentes à de nombreuses cryptomonnaies. Bien que cela représente encore un risque à long terme, les investisseurs devraient suivre les développements dans ce domaine. Une décision d'investissement éclairée prend en compte non seulement les aspects techniques, mais aussi l'évolution du marché et le cadre réglementaire. L'évaluation des risques techniques est donc une partie essentielle d'une analyse de risque complète sur le marché des cryptomonnaies et contribue à prendre des décisions d'investissement éclairées. En plus des risques techniques mentionnés, des risques opérationnels peuvent également survenir, par exemple en raison d'erreurs humaines dans la gestion des clés privées ou d'insuffisantes mesures de sécurité sur les plateformes de trading [s36]. Le choix d'un portefeuille sécurisé et d'une bourse de confiance est donc crucial pour protéger ses investissements.

Portefeuille [i23]

Bon à savoir

Clés privées

Une clé privée est une clé cryptographique secrète utilisée pour autoriser les transactions de cryptomonnaie et prouver la possession de cryptomonnaies. La perte de la clé privée entraîne la perte d'accès aux cryptomonnaies associées.

Ordinateurs quantiques

Les ordinateurs quantiques sont des ordinateurs qui utilisent les principes de la mécanique quantique pour effectuer des calculs. Ils ont le potentiel de compromettre certains algorithmes cryptographiques actuellement utilisés dans les cryptomonnaies.

Portefeuille

Un portefeuille est un logiciel ou un matériel utilisé pour stocker, envoyer et recevoir des cryptomonnaies.

Risques techniques liés au trading et au minage de cryptomonnaies

Répartition des risques techniques associés au trading et au minage de cryptomonnaies.

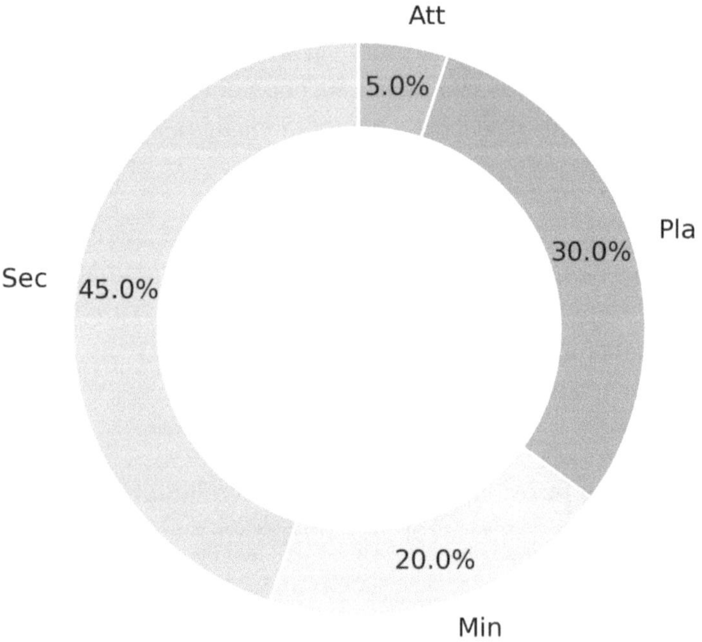

Att: Attaques à 51 %

Pla: Risques liés à la plateforme d'échange (p. ex., temps d'arrêt, insolvabilité)

Min: Risques miniers (p. ex., panne de matériel, coûts énergétiques)

Sec: Failles de sécurité (p. ex., piratage, escroqueries)

La plus grande partie du risque est attribuée aux failles de sécurité, soulignant l'importance de pratiques de sécurité robustes. Les risques liés aux plateformes d'échange sont également importants, ce qui souligne la nécessité de choisir soigneusement ses plateformes de trading. Bien que les risques spécifiques au minage soient plus faibles, ils représentent toujours une part notable, indiquant l'importance de comprendre et d'atténuer des facteurs tels que les pannes matérielles et les coûts énergétiques. Le risque relativement faible d'attaques à 51 % suggère que, bien qu'il s'agisse d'une préoccupation, il est moins répandu que les autres risques techniques.

Conseils concrets

- Évaluez votre profil de risque personnel dans le contexte de votre situation patrimoniale globale avant d'investir dans les cryptomonnaies.
- Créez un tableau avec différents scénarios pour le marché des cryptomonnaies (positif, neutre, négatif) et leurs impacts sur votre portefeuille.
- Définissez des objectifs d'investissement clairs et vérifiez régulièrement si vos investissements en cryptomonnaies sont toujours en accord avec ces objectifs.
- Déterminez une perte maximale que vous pouvez accepter sur le marché des cryptomonnaies sans compromettre votre stabilité financière.
- Fixez un délai pour vos investissements en cryptomonnaies et réévaluez votre stratégie à l'expiration de ce délai.
- Recherchez les évolutions historiques des prix de différentes cryptomonnaies pour mieux évaluer leur volatilité.
- Comparez le profil risque-rendement des cryptomonnaies avec d'autres classes d'actifs telles que les actions, les obligations ou l'immobilier.
- Prenez en compte des facteurs externes tels que l'instabilité politique ou les changements réglementaires dans votre évaluation des risques.
- Discutez de vos investissements en cryptomonnaies avec un conseiller financier indépendant pour obtenir une évaluation objective de votre stratégie.
- Évaluez les impacts de l'inflation et des taux d'intérêt sur la valeur réelle de vos investissements en cryptomonnaies.

5. 2 Gestion de patrimoine

La gestion efficace des actifs est essentielle pour le succès à long terme avec les cryptomonnaies. De la documentation exhaustive de chaque transaction à la sécurisation de vos clés privées, cette section aborde les défis centraux et les aspects pratiques qui garantissent la préservation de la valeur de votre portefeuille. Les aspects fiscaux ainsi que la planification d'urgence jouent un rôle décisif. La bonne stratégie protège votre patrimoine contre les pertes et simplifie la gestion en cas de succession. Ne négligez pas ces aspects, car ils constituent le fondement de votre succès durable sur le marché dynamique des cryptomonnaies. Préparez-vous de manière optimale et sécurisez vos investissements.

Une documentation soigneuse et une planification d'urgence sont essentielles pour la gestion sûre et réussie des cryptomonnaies.

Documentation

Une documentation complète constitue la colonne vertébrale de votre gestion des cryptomonnaies. Elle ne sert pas seulement à la déclaration fiscale, mais aussi à la protection de votre patrimoine et à la traçabilité de vos décisions d'investissement. La documentation doit enregistrer toutes les transactions, des achats et ventes aux Swaps, en passant par le Staking, jusqu'aux Airdrops et événements de Fork, de manière exhaustive. Notez la date, l'heure, les cryptomonnaies impliquées, la quantité, les frais de transaction et les adresses de portefeuille respectives. Des plateformes comme Block-Explorer peuvent vous aider à vérifier et documenter les détails des transactions. Un simple tableau Excel ou un logiciel spécialisé en fiscalité crypto peuvent être utiles pour l'organisation. En plus des transactions, tous les documents pertinents pour l'achat, la vente ou la conservation des cryptomonnaies doivent également être archivés. Cela inclut les reçus d'échanges, des captures d'écran des transactions de portefeuille, des accords avec des courtiers ou des e-mails de plateformes de trading. Conservez ces documents en toute sécurité et bien organisés, idéalement au format numérique et également en version physique. Un stockage basé sur le cloud peut être pratique, mais doit être protégé par des mesures de sécurité supplémentaires telles que l'authentification à deux facteurs et des mots de passe forts. Pour les copies physiques, un coffre-fort ignifuge est recommandé. Le choix de la bonne méthode de stockage pour vos cryptomonnaies influence également vos obligations de documentation. Lorsque vous utilisez des plateformes de trading comme Custodian, vous devez télécharger et archiver régulièrement des relevés de compte. Si vous gérez vous-même vos Private Keys, par exemple à l'aide d'un Hardware-Wallet, documentez également la Seed-Phrase (phrase de récupération) de votre portefeuille en plus des transactions. Celle-ci ne doit jamais être stockée numériquement ou accessible en ligne, mais conservée en lieu sûr hors ligne. Un coffre-fort verrouillé ou un coffre bancaire sont des options appropriées. La documentation de vos activités crypto sert également à déterminer les informations fiscales pertinentes. Conservez donc également des informations sur les intérêts reçus du Staking ou du Lending, ainsi que sur la valeur des Airdrops ou des Forks au moment de leur réception. La fiscalité des cryptomonnaies peut être complexe et varier d'un pays à l'autre. En cas de doute, consultez un conseiller fiscal spécialisé dans les cryptomonnaies pour vous assurer que vous respectez toutes les exigences fiscales et évitez d'éventuels problèmes. Une bonne documentation vous aide à fournir les informations nécessaires pour votre déclaration fiscale et facilite la communication avec votre conseiller fiscal. En plus des détails des transactions et des documents associés, il est conseillé de développer une stratégie pour les situations d'urgence. Documentez comment accéder à vos actifs crypto en cas de décès ou d'incapacité. Cela pourrait inclure des informations sur l'emplacement de vos Private Keys, des mots de passe et les coordonnées de personnes de confiance. Grâce à une planification minutieuse, vous vous assurez que vos proches peuvent accéder à vos actifs numériques en cas de besoin. En résumé, une documentation approfondie et organisée est un aspect indispensable de la gestion de patrimoine dans le domaine des cryptomonnaies. Elle protège non seulement votre patrimoine, mais facilite également la déclaration fiscale et offre une sécurité en cas d'urgence. Investissez du temps et des efforts dans la mise en place d'un système de documentation robuste – cela en vaut la peine à long terme. N'oubliez pas : plus vos enregistrements sont précis et complets, mieux vous êtes préparé à toutes les éventualités.

Bon à savoir

Airdrop

La distribution gratuite de cryptomonnaies à certaines adresses de portefeuille, souvent comme stratégie marketing pour de nouveaux projets ou comme récompense pour la détention de certaines pièces.

Block-Explorer

Un outil en ligne qui permet de visualiser et de vérifier les transactions et autres données sur une blockchain. Cela offre de la transparence et permet de suivre les transactions.

Custodian

Un dépositaire de cryptomonnaies agissant pour le compte de clients. Cela peut être un échange ou un prestataire spécialisé qui prend en charge la conservation sécurisée des actifs numériques.

Hardware-Wallet

Un appareil physique qui stocke les Private Keys hors ligne, offrant ainsi une protection accrue contre les attaques de hackers et le vol.

Private Key

Une clé secrète qui permet d'accéder à et de contrôler les cryptomonnaies dans un portefeuille. La Private Key doit absolument rester secrète, car elle fonctionne comme un mot de passe.

Seed-Phrase

Une liste de mots utilisée pour restaurer un portefeuille crypto et les Private Keys associées. La Seed-Phrase doit impérativement être conservée en sécurité et hors ligne.

Types de documentation pour la gestion des actifs cryptographiques

Répartition des domaines d'intérêt de la documentation pour la gestion des actifs cryptographiques.

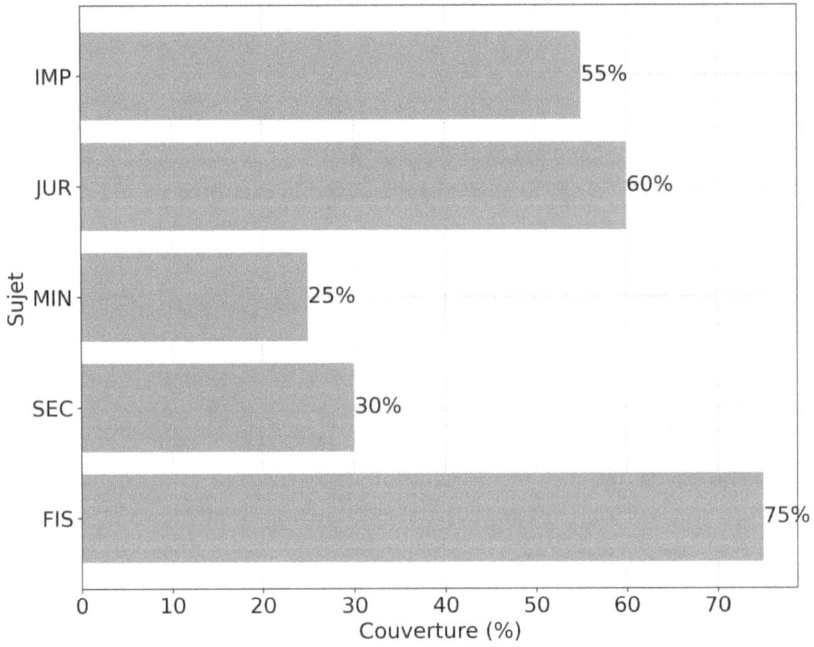

FIS: Optimisation Fiscale

JUR: Juridique

SEC: Sécurité

IMP: Trading et Investissement

MIN: Minage

Le graphique met en évidence une forte concentration sur la documentation relative au trading et à l'investissement, suivie par la sécurité et l'optimisation fiscale. Les aspects juridiques et le minage présentent une attention relativement moindre, ce qui suggère que ces domaines peuvent être moins documentés ou considérés comme moins critiques pour la compréhension générale des utilisateurs dans ce guide spécifique.

Planification d'urgence

La planification d'urgence pour les actifs cryptographiques nécessite une stratégie réfléchie qui va au-delà de la simple documentation et garantit l'accès aux valeurs numériques en cas de décès ou d'incapacité. Une étape cruciale est l'élaboration d'un plan détaillé qui inclut l'emplacement de vos private_keys, mots de passe et phrases de récupération. Conservez ces informations non pas numériquement, mais hors ligne dans un endroit sûr, comme un coffre-fort ou un coffre bancaire. De plus, vous devriez documenter les identifiants pour toutes les plateformes et comptes pertinents, y compris les échanges et hardwarewallets. En complément des aspects techniques, il est essentiel de désigner des personnes de confiance et de les inclure dans votre plan d'urgence. Ces personnes devraient être informées de vos investissements en cryptomonnaies et avoir accès aux informations nécessaires en cas de besoin. Des instructions claires sur la manière de gérer les actifs numériques – telles que la vente, le transfert ou la conservation à long terme – minimisent le risque de malentendus ou de pertes. Un testament ou un accord légal similaire peut aider à établir vos souhaits de manière contraignante et à réguler l'accès pour vos héritiers. Cette planification permet de maintenir le contrôle sur vos actifs cryptographiques même dans des circonstances défavorables et d'assurer leur destination prévue. La prise en compte de l'attention publique sur certaines cryptomonnaies peut également être intégrée dans la planification d'urgence. Une attention accrue peut certes entraîner une volatilitaet à court terme [s37], mais offre également la possibilité de générer plus rapidement de la liquiditaet en cas de nécessité de vente rapide des actifs. Une telle stratégie nécessite cependant une évaluation minutieuse des risques et des bénéfices potentiels.

Bon à savoir

Testament

Un document légal qui stipule qui recevra vos actifs après votre décès. Il est important de lister vos actifs cryptographiques dans votre testament et de donner des instructions claires pour l'accès.

Répartition du plan d'urgence

Répartition des mesures du plan d'urgence pour les actifs en crypto-monnaie.

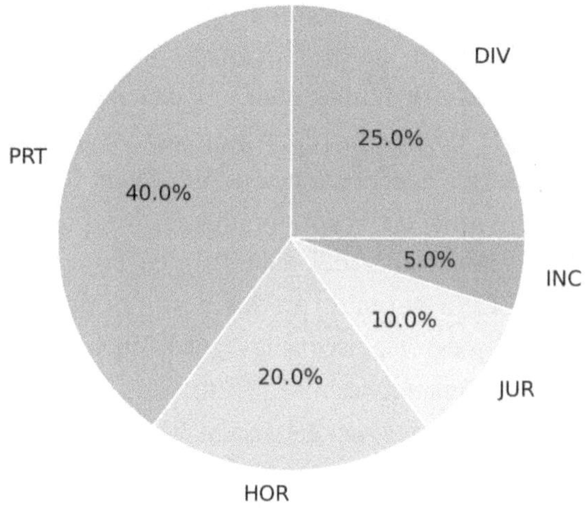

DIV: Diversification des actifs et des plateformes

INC: Plan de réponse aux incidents (piratage/perte)

PRT: Sécurité d'accès au portefeuille et à la plateforme d'échange (2FA, Multi-sig)

HOR: Stockage hors ligne à froid (portefeuilles matériels)

JUR: Conseil juridique et documentation

La plus grande partie du plan d'urgence se concentre sur la sécurisation de l'accès aux portefeuilles et aux plateformes d'échange, soulignant son rôle crucial dans la protection des actifs. La diversification et le stockage hors ligne représentent des parties importantes, mettant l'accent sur l'importance de répartir les risques et de se protéger contre les vulnérabilités en ligne. Bien que les conseils juridiques et la réponse aux incidents soient des parties plus petites, elles restent essentielles pour naviguer dans des paysages juridiques complexes et réagir efficacement aux failles de sécurité. Cette répartition suggère une approche équilibrée de la planification d'urgence, en accordant la priorité à la sécurité d'accès tout en abordant la diversification, le stockage hors ligne, les considérations juridiques et la réponse aux incidents.

Règlement de la succession

Le règlement de la succession pour les cryptomonnaies pose des exigences particulières en raison de leur nature numérique. Tout comme pour la documentation des transactions et la planification d'urgence, il est essentiel d'assurer l'accès aux actifs numériques en cas de décès. Un testament offre la possibilité de définir la répartition des cryptomonnaies et ainsi permettre aux héritiers d'accéder à ces actifs. Dans le testament, en plus du type et de la quantité de cryptomonnaies, les private_keys, phrases de récupération et identifiants des plateformes concernées doivent être énumérés en détail. Cela garantit que les héritiers obtiennent le contrôle sur les actifs numériques et peuvent les gérer ou les vendre. Un moyen simple mais sûr de transmettre ces informations sensibles est d'utiliser une enveloppe scellée jointe au testament. Alternativement, un notaire peut gérer ces informations en fiducie et les transmettre aux bénéficiaires en cas de succession. Cette approche minimise le risque de perte ou d'accès non autorisé aux cryptomonnaies. Le cadre juridique des cryptomonnaies est en constante évolution, il est donc conseillé de se renseigner sur les dispositions légales en vigueur dans chaque pays et, si nécessaire, de demander un avis juridique [s38]. La complexité de la fiscalité des krypto-actifs nécessite une analyse détaillée des réglementations applicables afin d'éviter d'éventuels problèmes fiscaux pour les héritiers [s38]. Une planification successorale précoce et complète pour les cryptomonnaies protège le patrimoine numérique et facilite la gestion pour les héritiers en cas de décès.

Bon à savoir

Krypto-Assets

Actifs numériques basés sur la cryptographie. Ils comprennent les cryptomonnaies, les tokens et d'autres actifs numériques.

Méthodes d'héritage crypto

Popularité des différentes solutions d'héritage crypto

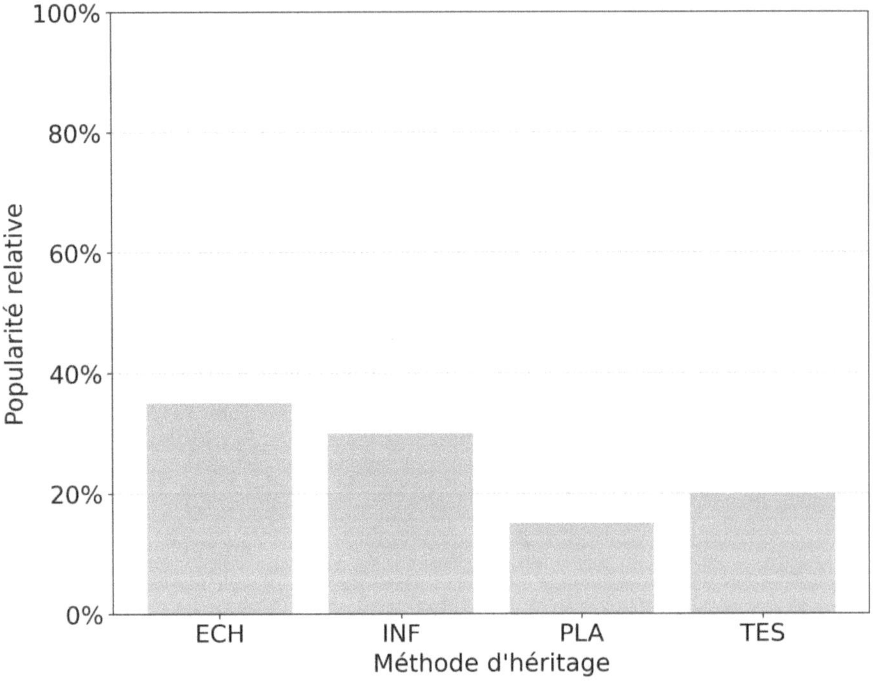

ECH: Héritage par échange (p. ex., désignation de bénéficiaire)

INF: Informel (p. ex., mots de passe partagés)

PLA: Plateforme d'héritage crypto

TES: Testament (spécifiant les actifs crypto)

Alors que l'héritage par échange et les méthodes informelles sont encore répandus, les plateformes d'héritage crypto dédiées et les testaments légaux intégrant les cryptomonnaies gagnent du terrain, indiquant une prise de conscience croissante des pratiques d'héritage sûres et juridiquement solides pour les actifs numériques.

Conseils concrets

- Élaborez un plan de gestion de patrimoine personnel qui intègre vos actifs cryptographiques dans votre stratégie globale et prend en compte des objectifs à long terme.
- Développez un système d'évaluation pour les projets cryptographiques qui va au-delà de la simple capitalisation boursière et prend en compte des facteurs tels que la technologie, l'équipe et la communauté.
- Simulez différentes stratégies d'allocation pour votre portefeuille cryptographique et testez leur résilience face aux fluctuations du marché.
- Recherchez les implications fiscales des héritages et des donations liés aux cryptomonnaies et planifiez en conséquence.
- Élaborez une stratégie d'urgence pour la perte d'accès, qui va au-delà de la sauvegarde de la phrase de récupération et prend en compte des options de récupération alternatives.
- Évaluez les avantages et les inconvénients des différentes méthodes de conservation de vos actifs cryptographiques (hardware wallet, multi-signature wallet, solutions de garde) et choisissez celle qui correspond à votre profil de risque.
- Documentez non seulement vos transactions, mais aussi votre stratégie d'investissement et les justifications sous-jacentes, afin de pouvoir analyser et comprendre vos décisions ultérieurement.
- Mettez en place un suivi régulier de vos actifs cryptographiques, qui vous informe des développements importants et des risques potentiels.

Révision - 5. Constitution de patrimoine

La constitution de patrimoine avec les cryptomonnaies nécessite une compréhension approfondie des opportunités et des risques associés. La forte volatilité du marché des cryptomonnaies, influencée par des facteurs macroéconomiques et la dynamique inhérente du marché des devises numériques, peut certes conduire à des gains rapides, mais comporte également des risques de perte considérables. Par conséquent, une gestion stratégique des risques est essentielle. Réfléchissez à la part de votre patrimoine que vous souhaitez investir dans les cryptomonnaies et définissez votre tolérance au risque personnelle. Diversifiez votre portefeuille à travers différentes cryptomonnaies et classes d'actifs pour étaler le risque. Informez-vous sur les méthodes d'évaluation des risques, telles que la théorie des valeurs extrêmes, et utilisez-les pour prendre des décisions d'investissement éclairées. Surveillez les corrélations entre différentes cryptomonnaies pour éviter les risques de concentration. Ne considérez pas la volatilité uniquement comme un risque, mais aussi comme une opportunité : lors de phases de forte volatilité, par exemple, des occasions d'achat intéressantes peuvent se présenter.

En plus des fluctuations du marché, les risques réglementaires jouent un rôle décisif. L'évolution constante de la législation et la classification différente des cryptomonnaies dans divers pays peuvent entraîner des défis inattendus. Gardez un œil sur les développements réglementaires dans les juridictions qui vous concernent et ajustez votre stratégie en conséquence. Une diversification internationale peut aider à minimiser les risques réglementaires dans certains pays. Prenez en compte les impacts des réglementations sur les modèles de risque et les exigences en capital, surtout si vous investissez des sommes importantes. Ne vous fiez pas uniquement à des modèles quantitatifs, mais intégrez également des analyses qualitatives du paysage réglementaire dans votre processus décisionnel.

Les risques techniques, allant des erreurs logicielles aux attaques à 51 % en passant par la scalabilité des blockchains, nécessitent également votre attention. Renseignez-vous sur les bases techniques des cryptomonnaies dans lesquelles vous souhaitez investir et évaluez leurs mécanismes de sécurité. Choisissez un portefeuille sécurisé, idéalement un portefeuille matériel, pour stocker vos clés privées hors ligne et les protéger contre les attaques de hackers. Soyez conscient de l'importance de votre phrase de récupération et conservez-la en toute sécurité et hors ligne. La documentation de toutes les transactions et des documents pertinents est non seulement importante à des fins fiscales, mais aussi pour protéger votre patrimoine et assurer la traçabilité de vos décisions d'investissement. Élaborez un plan d'urgence qui régule l'accès à vos actifs cryptographiques en cas de décès ou d'incapacité. Informez des personnes de confiance de votre plan et assurez-vous qu'elles aient accès aux informations nécessaires en cas d'urgence.

La constitution de patrimoine avec les cryptomonnaies offre des possibilités passionnantes, mais nécessite également une responsabilité personnelle et un apprentissage continu. Soyez conscient des risques, formez-vous et adaptez votre stratégie aux conditions changeantes du marché. Avec une stratégie réfléchie, une gestion des risques solide et une documentation soignée, vous pouvez tirer parti des opportunités du marché des cryptomonnaies et atteindre vos objectifs financiers. Le chemin vers une constitution de patrimoine réussie avec les cryptomonnaies peut être difficile, mais avec les bonnes connaissances et la bonne préparation, vous pouvez considérablement augmenter vos chances de succès.

Offres supplémentaires gratuites prévues

Nous sommes heureux de pouvoir vous proposer prochainement des matériels supplémentaires gratuits pour ce livre :

- Un chapitre bonus exclusif avec du contenu supplémentaire
- Un résumé compact du livre entier au format PDF
- Une version dramatique audio (En Projet)

La publication de ces matériels est prévue pour 2025.
N'hésitez pas à visiter notre site web dès aujourd'hui. Dès que notre service de newsletter sera lancé (prévu pour 2025), vous pourrez vous y inscrire pour recevoir des mises à jour et ne manquer aucune nouvelle concernant les offres supplémentaires gratuites.

www.SaageBooks.com/fr/cryptomonnaies-bonus-HZT4NS

Chers lecteurs,

Nous sommes profondément honorés que vous ayez pris le temps de lire notre livre du début à la fin. Notre plus grand souhait est de vous apporter des perspectives précieuses et des conseils pratiques. Votre confiance en notre travail compte beaucoup pour nous. Nous espérons que cette lecture a été enrichissante pour vous. Si vous avez des questions ou des suggestions, n'hésitez pas à nous contacter via notre site web.

Si vous avez apprécié ce livre, nous serions très reconnaissants d'avoir une critique honnête. Vous pouvez facilement laisser votre évaluation honnête sur la plateforme de vente où vous avez acheté le livre.
Merci pour votre soutien !

Bendis Saage

Saage Media GmbH - Équipe

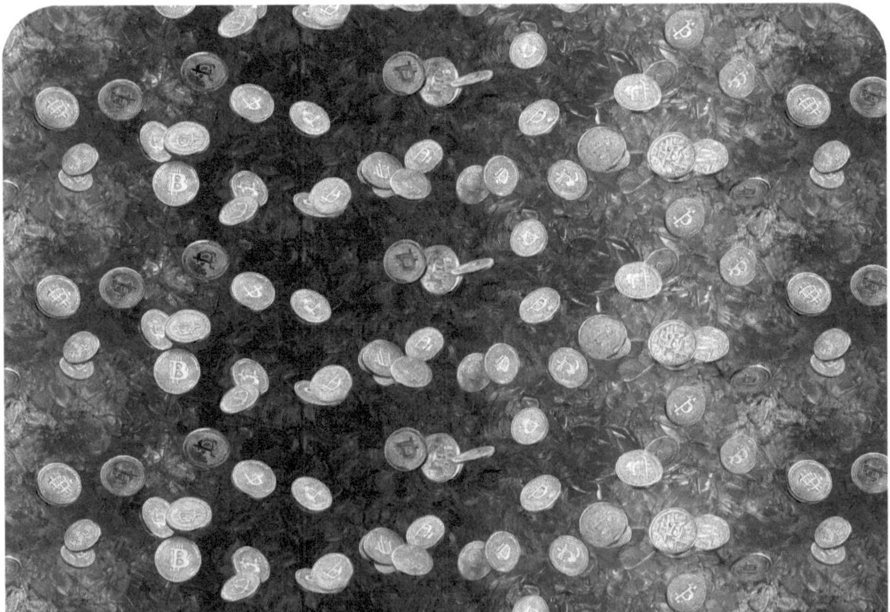

Sources

Nos sincères remerciements vont à tous les auteurs des sources scientifiques et non scientifiques citées, aux opérateurs des sites web référencés et aux créateurs des images, graphiques et études utilisés, dont le précieux travail a contribué à la création de ce livre.

Pour plus d'informations, nous vous recommandons de visiter les sites web sources.

Si vous découvrez des erreurs de correspondance ou d'autres incohérences, veuillez nous contacter.

Toutes les sources ont été consultées pour la dernière fois le: 2025-02-19

[s1] - https://www.mdpi.com/1911-8074/18/2/66

Auteur:	Murray A. Rudd, Dennis Porter	**Titre:**	A Supply and Demand Framework for Bitcoin Price Forecasting
par:	Multidisciplinary Digital Publishing Institute	**DOI:**	10.3390/jrfm18020066
Date:	2025-01-30	**Site web:**	MDPI
Éditeur:	Multidisciplinary Digital Publishing Institute		

[s2] - https://pmc.ncbi.nlm.nih.gov/articles/PMC8174543/

Auteur:	Parthajit Kayal, Purnima Rohilla	**Titre:**	Bitcoin in the economics and finance literature: a survey
par:	Madras School of Economics (MSE)	**DOI:**	10.1007/s43546-021-00090-5
Date:	2021 Jun 3	**Site web:**	PubMed Central (PMC)
Éditeur:	Sn Business & Economics		

[s3] - https://dx.doi.org/https://doi.org/10.1186/s40854-023-00465-7

Auteur:	Jiri Kukacka, Ladislav Kristoufek	**Titre:**	Fundamental and speculative components of the cryptocurrency pricing dynamics
DOI:	10.1186/s40854-023-00465-7	**Date:**	2023-03-05
Éditeur:	SpringerOpen		

[s4] - https://dx.doi.org/10.17016/2380-7172.3447

Auteur:	Cy Watsky, Jeffrey Allen, Hamzah Daud, Jochen Demuth, Daniel Little, Megan Rodden, and Amber Seira	**Titre:**	Primary and Secondary Markets for Stablecoins
par:	Board of Governors of the Federal Reserve System	**DOI:**	10.17016/2380-7172.3447
Date:	2024-02-23	**Site web:**	Federal Reserve Board
Éditeur:	Board of Governors of the Federal Reserve System		

[s5] - https://pmc.ncbi.nlm.nih.gov/articles/PMC7271856/

Auteur:	Thomas Conlon, Shaen Corbet, Richard J McGee	**Titre:**	Are cryptocurrencies a safe haven for equity markets? An international perspective from the COVID-19 pandemic
par:	Smurfit Graduate School of Business, University College Dublin, Ireland; DCU Business School, Dublin City University, Dublin 9, Ireland; School of Accounting, Finance and Economics, University of Waikato, New Zealand	**DOI:**	10.1016/j.ribaf.2020.101248
Date:	2020 Jun 4	**Site web:**	PubMed Central (PMC)

[s6] - https://pmc.ncbi.nlm.nih.gov/articles/PMC7365063/

Auteur:	Natthinee Thampanya, Muhammad Ali Nasir, Toan Luu Duc Huynh	**Titre:**	Asymmetric correlation and hedging effectiveness of gold & cryptocurrencies: From pre-industrial to the 4th industrial revolution
DOI:	10.1016/j.techfore.2020.120195	**Date:**	2020 Jul 16
Site web:	PubMed Central (PMC)	**Éditeur:**	Technological Forecasting and Social Change

[s7] - https://pmc.ncbi.nlm.nih.gov/articles/PMC10840122/

Auteur:	Xu Wang, Jinling Liu, Qichang Xie	**Titre:**	Quantile frequency connectedness between energy tokens, crypto market, and renewable energy stock markets
DOI:	10.1016/j.heliyon.2024.e25068	**Date:**	2024 Jan 24
Site web:	PubMed Central (PMC)	**Éditeur:**	Heliyon

[s8] - https://pmc.ncbi.nlm.nih.gov/articles/PMC9589625/

Auteur:	Juliet Elu, Miesha Williams	**Titre:**	COVID-19 Cryptocurrency Investment: Wealth Disparities and Portfolio Diversification
DOI:	10.1007/s41996-022-00108-6	**Date:**	2022 Oct 21
Site web:	PubMed Central (PMC)	**Éditeur:**	Journal of Economics, Race, and Policy

[s9] - https://www.mdpi.com/1911-8074/16/1/3

Auteur:	José Almeida, Tiago Cruz Gonçalves	**Titre:**	Portfolio Diversification, Hedge and Safe-Haven Properties in Cryptocurrency Investments and Financial Economics: A Systematic Literature Review
par:	Multidisciplinary Digital Publishing Institute	**DOI:**	10.3390/jrfm16010003
Date:	2022-12-21	**Site web:**	MDPI
Éditeur:	Multidisciplinary Digital Publishing Institute		

[s10] - https://www.mdpi.com/2075-1680/12/2/209

Auteur:	Yeh-Cheng Yang, Wen-Sheng Shieh, Chun-Yueh Lin	**Titre:**	Applying the Fuzzy BWM to Determine the Cryptocurrency Trading System under Uncertain Decision Process
par:	Multidisciplinary Digital Publishing Institute	**DOI:**	10.3390/axioms12020209
Date:	2023-02-16	**Site web:**	MDPI
Éditeur:	Multidisciplinary Digital Publishing Institute		

[s11] - https://www.mdpi.com/1911-8074/17/9/406

Auteur:	Namryoung Lee	**Titre:**	Joint Impact of Market Volatility and Cryptocurrency Holdings on Corporate Liquidity: A Comparative Analysis of Cryptocurrency Exchanges and Other Firms
par:	Multidisciplinary Digital Publishing Institute	**DOI:**	10.3390/jrfm17090406
Date:	2024-09-09	**Site web:**	MDPI
Éditeur:	Multidisciplinary Digital Publishing Institute		

[s12] - https://dx.doi.org/10.2139/ssrn.3831439

Auteur:	Kristin N. Johnson	**Titre:**	Decentralized Finance: Regulating Cryptocurrency Exchanges
par:	SSRN	**DOI:**	10.2139/ssrn.3831439
Date:	2021/04/22	**Site web:**	SSRN
Éditeur:	Elsevier		

[s13] - https://www.mdpi.com/2227-9091/12/4/67

Auteur:	Laeeq Razzak Janjua, Iza Gigauri, Agnieszka Wójcik-Czerniawska, Elż bieta Pohulak-Żołędowska	**Titre:**	Risk Management in the Area of Bitcoin Market Development: Example from the USA
par:	Multidisciplinary Digital Publishing Institute	**DOI:**	10.3390/risks12040067
Date:	2024-04-15	**Site web:**	MDPI
Éditeur:	Multidisciplinary Digital Publishing Institute		

[s14] - https://www.mdpi.com/2227-9091/12/10/163

Auteur:	Hossein Ghanbari, Emran Mohammadi, Amir Mohammad Larni Fooeik, Ronald Ravinesh Kumar, Peter Josef Stauvermann, Mostafa Shabani	**Titre:**	Cryptocurrency Portfolio Allocation under Credibilistic CVaR Criterion and Practical Constraints
par:	Multidisciplinary Digital Publishing Institute	**DOI:**	10.3390/risks12100163
Date:	2024-10-11	**Site web:**	mdpi.com
Éditeur:	Multidisciplinary Digital Publishing Institute		

[s15] - https://www.mdpi.com/2075-5309/12/3/357

Auteur:	Asli Pelin Gurgun, Mehmet Ilker Genc, Kerim Koc, David Arditi	**Titre:**	Exploring the Barriers against Using Cryptocurrencies in Managing Construction Supply Chain Processes
par:	Multidisciplinary Digital Publishing Institute	**DOI:**	10.3390/buildings12030357
Date:	2022-03-15	**Site web:**	mdpi.com
Éditeur:	Multidisciplinary Digital Publishing Institute		

[s16] - https://www.mdpi.com/1911-8074/17/11/488

Auteur:	Junnan Cui, Li Gao, Yufei Wang	**Titre:**	The Impact of Cryptocurrency Exposure on Corporate Tax Avoidance Among US Listed Companies
par:	Multidisciplinary Digital Publishing Institute	**DOI:**	10.3390/jrfm17110488
Date:	2024-10-30	**Éditeur:**	Multidisciplinary Digital Publishing Institute

[s17] - https://www.mdpi.com/2076-3417/11/4/1617

Auteur:	Kentaro Fujita, Yuanyu Zhang, Masahiro Sasabe, Shoji Kasahara	**Titre:**	Mining Pool Selection under Block WithHolding Attack
par:	Multidisciplinary Digital Publishing Institute	**DOI:**	10.3390/app11041617
Date:	2021-02-10	**Site web:**	MDPI
Éditeur:	Multidisciplinary Digital Publishing Institute		

[s18] - https://dx.doi.org/10.2139/ssrn.3887256

Auteur:	Bikramaditya Datta, Idan Hodor	**Titre:**	Cryptocurrency, Mining Pools' Concentration, and Asset Prices
par:	SSRN	**DOI:**	10.2139/ssrn.3887256
Date:	2021/08/09	**Site web:**	SSRN
Éditeur:	Elsevier		

[s19] - https://www.mdpi.com/2071-1050/14/14/8708

Auteur:	Mohammed Shuaib, Sumit Badotra, Muhammad Irfan Khalid, Abeer D. Algarni, Syed Sajid Ullah, Sami Bourouis, Jawaid Iqbal, Salil Bharany, Lokesh Gundaboina	**Titre:**	A Novel Optimization for GPU Mining Using Overclocking and Undervolting
par:	Multidisciplinary Digital Publishing Institute	**DOI:**	10.3390/su14148708
Date:	2022-07-16	**Site web:**	mdpi.com
Éditeur:	Multidisciplinary Digital Publishing Institute		

[s20] - https://journals.plos.org/plosone/article?id=10.1371/journal.pone.0164603

Auteur:	Luisanna Cocco, Michele Marchesi	**Titre:**	Modeling and Simulation of the Economics of Mining in the Bitcoin Market
par:	University of Cagliari	**DOI:**	10.1371/journal.pone.0164603
Date:	Oct 21, 2016	**Site web:**	PLOS ONE
Éditeur:	Public Library of Science		

[s21] - https://www.mdpi.com/1996-1073/16/3/1331

Auteur:	Nima Asgari, Matthew T. McDonald, Joshua M. Pearce	**Titre:**	Energy Modeling and Techno-Economic Feasibility Analysis of Greenhouses for Tomato Cultivation Utilizing the Waste Heat of Cryptocurrency Miners
par:	Multidisciplinary Digital Publishing Institute	**DOI:**	10.3390/en16031331
Date:	2023-01-27	**Site web:**	MDPI
Éditeur:	Multidisciplinary Digital Publishing Institute		

[s22] - https://www.mdpi.com/1999-5903/9/3/25

Auteur:	Luisanna Cocco, Andrea Pinna, Michele Marchesi	**Titre:**	Banking on Blockchain: Costs Savings Thanks to the Blockchain Technology
par:	Multidisciplinary Digital Publishing Institute	**DOI:**	10.3390/fi9030025
Date:	2017-06-27	**Éditeur:**	Multidisciplinary Digital Publishing Institute

[s23] - https://www.mdpi.com/2075-471X/8/3/16

Auteur:	Sergio Luis Náñez Alonso	**Titre:**	Activities and Operations with Cryptocurrencies and Their Taxation Implications: The Spanish Case
par:	Multidisciplinary Digital Publishing Institute	**DOI:**	10.3390/laws8030016
Date:	2019-08-05	**Site web:**	MDPI
Éditeur:	Multidisciplinary Digital Publishing Institute		

[s24] - https://www.mdpi.com/1996-1073/16/3/1331

Auteur:	Nima Asgari, Matthew T. McDonald, Joshua M. Pearce	**Titre:**	Energy Modeling and Techno-Economic Feasibility Analysis of Greenhouses for Tomato Cultivation Utilizing the Waste Heat of Cryptocurrency Miners
par:	Multidisciplinary Digital Publishing Institute	**DOI:**	10.3390/en16031331
Date:	2023-01-27	**Éditeur:**	Multidisciplinary Digital Publishing Institute

[s25] - https://www.mdpi.com/2073-431X/12/12/257

Auteur:	Felix Kahmann, Fabian Honecker, Julian Dreyer, Marten Fischer, Ralf Tö njes	**Titre:**	Performance Comparison of Directed Acyclic Graph-Based Distributed Ledgers and Blockchain Platforms
par:	Multidisciplinary Digital Publishing Institute	**DOI:**	10.3390/computers12120257
Date:	2023-12-09	**Éditeur:**	Multidisciplinary Digital Publishing Institute

[s26] - https://pmc.ncbi.nlm.nih.gov/articles/PMC7402366/

Auteur:	Ulrich Gallersdörfer, Lena Klaaßen, Christian Stoll	**Titre:**	Energy Consumption of Cryptocurrencies Beyond Bitcoin
DOI:	10.1016/j.joule.2020.07.013	**Date:**	2020 Aug 4
Site web:	PubMed Central (PMC)	**Éditeur:**	Elsevier

[s27] - https://pmc.ncbi.nlm.nih.gov/articles/PMC10833103/

Auteur:	Yin Maythu, Andrei OJ Kwok, Pei-Lee Teh	**Titre:**	Blockchain technology diffusion in tourism: Evidence from early enterprise adopters and innovators
DOI:	10.1016/j.heliyon.2024.e24675	**Date:**	2024 Jan 14
Site web:	PubMed Central (PMC)	**Éditeur:**	Heliyon

[s28] - https://www.mdpi.com/2071-1050/15/24/16887

Auteur:	Sundarasen Sheela, Ahnaf Ali Alsmady, K. Tanaraj, Ibrahim Izani	**Titre:**	Navigating the Future: Blockchain's Impact on Accounting and Auditing Practices
par:	Multidisciplinary Digital Publishing Institute	**DOI:**	10.3390/su152416887
Date:	2023-12-15	**Éditeur:**	Multidisciplinary Digital Publishing Institute

[s29] - https://dx.doi.org/10.1515/ijdlg-2024-0007

Auteur:	Jiye Hu	**Titre:**	The Regulation of Cryptocurrency in China
par:	De Gruyter	**DOI:**	10.1515/ijdlg-2024-0007
Date:	2024-04-01	**Site web:**	De Gruyter
Éditeur:	De Gruyter		

[s30] - https://www.mdpi.com/2227-9091/12/4/67

Auteur:	Laeeq Razzak Janjua, Iza Gigauri, Agnieszka Wójcik-Czerniawska, Elżbieta Pohulak-Żołędowska	**Titre:**	Risk Management in the Area of Bitcoin Market Development: Example from the USA
par:	Multidisciplinary Digital Publishing Institute	**DOI:**	10.3390/risks12040067
Date:	2024-04-15	**Site web:**	MDPI
Éditeur:	Multidisciplinary Digital Publishing Institute		

[s31] - https://www.mdpi.com/1911-8074/15/8/346

Auteur:	Pascal Bruhn, Dietmar Ernst	**Titre:**	Assessing the Risk Characteristics of the Cryptocurrency Market: A GARCH-EVT-Copula Approach
par:	Multidisciplinary Digital Publishing Institute	**DOI:**	10.3390/jrfm15080346
Date:	2022-08-05	**Éditeur:**	Multidisciplinary Digital Publishing Institute

[s32] - https://www.mdpi.com/1911-8074/17/9/406

Auteur:	Namryoung Lee	**Titre:**	Joint Impact of Market Volatility and Cryptocurrency Holdings on Corporate Liquidity: A Comparative Analysis of Cryptocurrency Exchanges and Other Firms
par:	Multidisciplinary Digital Publishing Institute	**DOI:**	10.3390/jrfm17090406
Date:	2024-09-09	**Site web:**	MDPI
Éditeur:	Multidisciplinary Digital Publishing Institute		

[s33] - https://www.mdpi.com/2227-9091/9/11/207

Auteur:	Yianni Doumenis, Javad Izadi, Pradeep Dhamdhere, Epameinondas Katsikas, Dimitrios Koufopoulos	**Titre:**	A Critical Analysis of Volatility Surprise in Bitcoin Cryptocurrency and Other Financial Assets
par:	Multidisciplinary Digital Publishing Institute	**DOI:**	10.3390/risks9110207
Date:	2021-11-12	**Site web:**	mdpi.com
Éditeur:	Multidisciplinary Digital Publishing Institute		

[s34] - https://www.mdpi.com/2227-9091/11/7/122

Auteur:	Farhat Iqbal, Mamoona Zahid, Dimitrios Koutmos	**Titre:**	Cryptocurrency Trading and Downside Risk
par:	Multidisciplinary Digital Publishing Institute	**DOI:**	10.3390/risks11070122
Date:	2023-07-06	**Site web:**	MDPI
Éditeur:	Multidisciplinary Digital Publishing Institute		

[s35] - https://www.mdpi.com/1911-8074/15/11/532

Auteur:	Dora Almeida, Andreia Dionísio, Isabel Vieira, Paulo Ferreira	**Titre:**	Uncertainty and Risk in the Cryptocurrency Market
par:	Multidisciplinary Digital Publishing Institute	**DOI:**	10.3390/jrfm15110532
Date:	2022-11-14	**Site web:**	MDPI
Éditeur:	Multidisciplinary Digital Publishing Institute		

[s36] - https://www.mdpi.com/1911-8074/15/8/346

Auteur:	Pascal Bruhn, Dietmar Ernst	**Titre:**	Assessing the Risk Characteristics of the Cryptocurrency Market: A GARCH-EVT-Copula Approach
par:	Multidisciplinary Digital Publishing Institute	**DOI:**	10.3390/jrfm15080346
Date:	2022-08-05	**Site web:**	MDPI
Éditeur:	Multidisciplinary Digital Publishing Institute		

[s37] - https://pmc.ncbi.nlm.nih.gov/articles/PMC10130660/

Auteur:	Jieru Wan, You Wu, Panpan Zhu	**Titre:**	The COVID-19 pandemic and Bitcoin: Perspective from investor attention
par:	Nottingham University Business School, University of Nottingham; School of Economics, Beijing Technology and Business University	**DOI:**	10.3389/fpubh.2023.1147838
Date:	2023 Apr 12	**Site web:**	PubMed Central (PMC)
Éditeur:	Frontiers in Public Health		

[s38] - https://www.mdpi.com/1911-8074/17/11/488

Auteur:	Junnan Cui, Li Gao, Yufei Wang	**Titre:**	The Impact of Cryptocurrency Exposure on Corporate Tax Avoidance Among US Listed Companies
par:	Multidisciplinary Digital Publishing Institute	**DOI:**	10.3390/jrfm17110488
Date:	2024-10-30	**Site web:**	MDPI
Éditeur:	Multidisciplinary Digital Publishing Institute		

Sources des images

Les images non répertoriées sont soit créées par nous-mêmes, soit acquises avec une licence appropriée. Tous les droits sont réservés pour ces images.

Pour toutes les autres images répertoriées ici :
Aucune des images n'a été modifiée, seule la résolution a été ajustée. Dans la version eBook, les images ont été compilées en collages numérotés. Toutes les images restent soumises à leur licence d'origine et sont utilisées conformément à leurs conditions de licence respectives. Si vous découvrez des erreurs d'attribution ou d'autres anomalies, veuillez nous contacter.

Date de la révision finale des images : 2025-02-19.

Licence utilisée

CC0 http://creativecommons.org/publicdomain/zero/1.0/deed.en

Crédits images

[i1] - 001_001_001_image_mining.jpeg
https://upload.wikimedia.org/wikipedia/commons/b/b8/Cryptocurrency_logos.jpg

Date:	2016-02-17	**par:**	Rmccar99
Artiste:	voytek pavlik	**License:**	Public domain

[i2] - 001_001_001_image_peertopeertransaktionen.jpeg
https://upload.wikimedia.org/wikipedia/commons/f/fa/Unstructured_peer-to-peer_network_diagram.png

Date:	2013-07-26	**par:**	Kekavigi
Artiste:	Mesoderm	**License:**	CC0

[i3] - 001_001_003_image_hardwarewallets.jpeg
https://upload.wikimedia.org/wikipedia/commons/b/b3/Trezor_Model_T.jpg

Date:	2023-03-01	**par:**	FlippyFlink
License:	CC0		

[i4] - 001_001_003_image_zweifaktorauthentifizierung.jpeg
https://upload.wikimedia.org/wikipedia/commons/6/6e/Logging_in_with_2FA_on_Wikipedia.png

Date:	2019-06-08	**par:**	Newslinger
License:	CC0		

[i5] - 001_003_002_image_hardwaretoken.jpeg
https://upload.wikimedia.org/wikipedia/commons/9/97/Yubikey_with_RFID_in_black.jpg

Date:	2011-12-13	**par:**	Dennis~commonswiki
Artiste:	Dennis	**License:**	CC0

[i6] - 001_003_003_image_bankschliessfach.jpeg
https://upload.wikimedia.org/wikipedia/commons/e/e0/Safeaccounts.jpg

Date:	2005-10-05	**par:**	Kooma
Artiste:	Although	**License:**	Public domain

[i7] - 002_001_001_image_quantil.jpeg
https://upload.wikimedia.org/wikipedia/commons/8/8d/Polygone_quartile.png

Date:	4 July 2004	**par:**	File Upload Bot (Magnus Manske)
Artiste:	HB	**License:**	Public domain

[i8] - 002_001_003_image_aktie.jpeg
https://upload.wikimedia.org/wikipedia/commons/4/4c/Seattle_Theatre_Company_stock_certificate%2C_1893_%28MOHAI_11491%29.jpg

Date:	1893	**par:**	BMacZeroBot
Artiste:	Seattle Theatre Company	**License:**	Public domain

[i9] - 002_001_003_image_anleihe.jpeg
https://upload.wikimedia.org/wikipedia/commons/1/19/Concord%2C_Maynard_and_Hudson_Street_Railway_Company_bond_certificate.jpg

Date:	1902	**par:**	Pi.1415926535
Artiste:	Concord, Maynard and Hudson Street Railway	**License:**	Public domain

[i10] - 002_001_003_image_gold.jpeg
https://upload.wikimedia.org/wikipedia/commons/5/5b/GoldNuggetUSGOV.jpg

Date:	2005-01-07	**par:**	Jurema Oliveira
Artiste:	Unknown authorUnknown author	**License:**	Public domain

[i11] - 002_001_003_image_rohoel.jpeg
https://upload.wikimedia.org/wikipedia/commons/c/c2/Petroleum_sample.jpg

Date:	2020-10-12	**par:**	Nefronus
License:	CC0		

[i12] - 003_001_003_image_rechenleistung.jpeg
https://upload.wikimedia.org/wikipedia/commons/c/c7/The_catalyst_high_performance_computing_%28HPC%29.jpg

Date:	2013-11-01	**par:**	Markmhawk
Artiste:	ENERGY.GOV	**License:**	Public domain

[i13] - 003_002_001_image_application_specific_integrated_circuit.jpeg
https://upload.wikimedia.org/wikipedia/commons/5/5f/BSX2022_20220905_151638%2C_Antennas_and_ASIC_hardware.jpg

Date:	2022-09-05	**par:**	Ohsin
Artiste:	Gareeb Scientist	**License:**	CC0

[i14] - 003_002_001_image_grafikkarte.jpeg
https://upload.wikimedia.org/wikipedia/commons/f/f3/Sapphire-Radeon-HD-5570-Video-Card.jpg

Date:	2015-04-19	**par:**	Evan-Amos
License:	Public domain		

[i15] - 003_002_002_image_rechenkern.jpeg
https://upload.wikimedia.org/wikipedia/commons/6/61/NVIDIA_G80_GPU_Core.jpg

Date:	2011-07-23	**par:**	Hyins
License:	Public domain		

[i16] - 003_002_002_image_speicherbandbreite.jpeg
https://upload.wikimedia.org/wikipedia/commons/e/ed/Sierra_Supercomputer_%2848002385338%29.jpg

Date:	2018-07-11	**par:**	MarginalCost
Artiste:	U.S. Department of Energy	**License:**	Public domain

[i17] - 003_003_001_image_gewaechshaus.jpeg
https://upload.wikimedia.org/wikipedia/commons/b/b1/Small_greenhouse_with_grapevines_escaping.jpg

Date:	2017-08-22	**par:**	W.carter
License:	CC0		

[i18] - 003_003_002_image_firmware.jpeg
https://upload.wikimedia.org/wikipedia/commons/0/01/Firmware_upgrade.jpg

Date:	14 January 2006	**par:**	Wladston
License:	Public domain		

[i19] - 003_003_002_image_kuehlsystem.jpeg
https://upload.wikimedia.org/wikipedia/commons/c/c2/1U_rack_mount_server_cooling_system_fan_heat-sink.jpg

Date:	2011-09-13	**par:**	GMLSX
Artiste:	Tobias Maier	**License:**	CC0

[i20] - 003_003_002_image_netzwerkgeraet.jpeg
https://upload.wikimedia.org/wikipedia/commons/3/38/Raspberry_Pi_4_on_a_network_switch.jpg

Date:	2025-02-04	**par:**	Rail01
Artiste:	rail fox	**License:**	CC0

[i21] - 004_001_002_image_asic.jpeg
https://upload.wikimedia.org/wikipedia/commons/e/ee/Avalon-An_ASIC_base_bitcoin_machine.jpg

Date:	2013-09-14	**par:**	Xiangfu
Artiste:	张楠赓	**License:**	CC0

[i22] - 004_003_003_image_geldwaesche.jpeg
https://upload.wikimedia.org/wikipedia/commons/7/77/Secret_Service_Asset_Forfeiture_and_Money_Laundering_Task_Force_%28AFMLTF%29.png

Date:	2017-10-10	**par:**	Wiki image 2000
Artiste:	U.S. Secret Service	**License:**	Public domain

[i23] - 005_001_003_image_wallet.jpeg
https://upload.wikimedia.org/wikipedia/commons/1/19/Cryptocurrency.jpg

Date:	2025-01-02	**par:**	Anupam738
License:	CC0